Herder Taschenbuch 1583

W0094744

Über das Buch

Negative Lebenseinstellungen sind heute weit verbreitet. Sie machen viele Probleme unlösbar. Umschalten ist daher die entscheidende Voraussetzung für Glück, Gesundheit und Selbstvertrauen, Umschalten vom Pessimismus zum positiven Denken. Tausende von Kursteilnehmern hat das Schellbach-Institut in diese „Mental-Dynamik" eingeführt. Dieses Buch ist das Ergebnis jahrzehntelanger Beratungserfahrungen. Es geht ganz konkret auf die Sorgen und Ängste ein, die in den Veranstaltungen zur Sprache kommen und zeigt an Beispielen, wie man es mit Hilfe des positiven Denkens schafft, Berufsprobleme zu meistern, partnerschaftliche Konflikte auszuräumen, Erziehungsschwierigkeiten zu vermeiden, Heilungskräfte in sich zu mobilisieren, das Alter als eine neue Chance zu nutzen, den Sinn des Lebens zu erkennen und wirkliche Lebensziele zu finden. Ein Sachregister am Ende des Buches hilft, für jede Lebenslage den passenden Rat zu finden.

Über den Autor

Hans Jürgen Schellbach, geboren 1945 in Wuppertal, verheiratet, einen Sohn, leitet seit dem Tode seines Vaters, dem er bereits zu Lebzeiten ein wertvoller Mitarbeiter war, mit seiner Frau, Monika, das Schellbach-Institut und den Schellbach-Verlag.
In seinen Seminaren und Vorträgen teilt er vielen Tausend Zuhörern mit, wie sie ihr Leben erfolgreicher und zufriedener gestalten können. Große Firmen in Deutschland und in Österreich haben die Kraft des positiven Denkens für Mitarbeiter und Firmenleitung erkannt und veranstalten mit Schellbach firmeninterne Schulungen. Auch Spitzensportler aus allen Disziplinen, darunter Weltmeister, Olympiasieger und Europameister, werden von Schellbach mental trainiert.

Hans Jürgen Schellbach

Pessimismus ist heilbar

Anleitungen zu positivem Denken
in allen Lebenslagen

Herder Taschenbuch Verlag

Originalausgabe
erstmals veröffentlicht als Herder-Taschenbuch

Buchumschlag: Walter Emmrich

FÜR MEINE FRAU MONIKA
und unsere gemeinsame Zukunft

„Der Optimist sieht in der Dunkelheit das Licht.
Der Pessimist schaut ins Licht
und sieht doch nur die Finsternis."

(Hans Jürgen Schellbach)

Sehr geehrte Leserin, sehr geehrter Leser,

ich freue mich sehr, daß Sie dieses Buch lesen und bin sicher, daß es Ihnen helfen wird, Ihr Leben in der Zukunft erfolgreicher und harmonischer und somit auch optimistischer zu gestalten.
Dieses Buch ist auf meiner langjährigen Arbeit mit unzähligen Menschen und ihren Problemen aufgebaut und auf der über 65jährigen Erfahrung des Schellbach-Hauses im Umgang mit anderen Menschen.
Das Ziel unserer Arbeit läßt sich in einem kurzen Satz ausdrücken: „Den Menschen zu zeigen, was sie tun können, um ihr Leben möglichst harmonisch, zufrieden und erfolgreich zu gestalten."
Heute arbeiten schon über 5 Millionen Menschen mit diesem Gedankengut und täglich werden es mehr, das heißt: „Sie können den Gedanken, die ich Ihnen in diesem Buch mitteile, vertrauen und sie auch in die Tat umsetzen.
Bevor Sie nun zu lesen beginnen, möchte ich Ihnen einen kleinen Tip geben. Dieses Buch ist kein Roman, sondern eine Art Arbeitsbuch, eine Betriebsanleitung für ein erfolgreiches, harmonisches und optimistisches Leben. Aus diesem Grund sollten Sie es auch systematisch lesen und dann danach handeln.
Doch nun lassen Sie sich davon überzeugen, daß Pessimismus heilbar ist. Lesen Sie, wie Sie sich selbst und dann auch Ihre Mitmenschen optimistischer und erfolgreicher stimmen können.

Mit herzlichen Grüßen
Ihr
HANS JÜRGEN SCHELLBACH

Inhalt

! Wichtige Gedanken   ☺ Der Optimist handelt!

I. Die zwei Welten

„Die glücklichen Pessimisten! Welche Freude empfinden sie,
so oft sie bewiesen haben, das es keine Freude gibt."

M. v. EBNER-ESCHENBACH

1. Optimist und Pessimist

„Es waren einmal zwei Schuhverkäufer. Der eine von ihnen
war ein Optimist, der andere dagegen ein Pessimist. Beide
wurden von ihrer Zentrale in ein weit entferntes, unterentwik-
keltes Gebiet geschickt, um dort Schuhe zu verkaufen.
Nach einigen Wochen schickte der Pessimist ein Telegramm
an seine Zentrale: *„Traurige Gegend hier! Niemand trägt
Schuhe!"*
Viele Menschen würden in dieser Situation sicherlich ein
Telegramm mit ähnlichem Wortlaut schicken. Doch lesen Sie,
was der Optimist telegrafierte: *„Wunderbare Gegend hier! Jeder braucht Schuhe!"*
Diese kleine, sicher etwas überspitzte Gegenüberstellung vom
Optimisten und vom Pessimisten drückt aus, was positives
Denken in der Praxis bedeutet. Je nachdem, wie wir innerlich
eingestellt sind, ist ein und dieselbe Situation für den einen
positiv, optimistisch und lebensbejahend, für den anderen
aber negativ, traurig, pessimistisch und oft sogar nicht mehr
lebenswert.
Sie alle kennen auch das Beispiel der „halbvollen" oder der
„halbleeren" Flasche und werden vielleicht jetzt fragen:
*„Schön und gut, aber was nützt mir das, und warum ist es so
wichtig, ob die „Flasche" für mich halbvoll oder halbleer ist."*
Ich möchte Ihnen diese Frage mit einem Zitat des bekannten
New Yorker Psychiaters Arthur Shapiro beantworten. Er hat
über die Bedeutung unseres Optimismus folgendes gesagt:
*„... Es ist ein Instinkt, ein eingebautes Verhalten, das sich im
Laufe der Evolution entwickelt hatte. Die Menschen, die die*

13

Fähigkeit hatten, optimistisch zu denken und sich an Symbolen zu orientieren, entwickelten Religionen, Erklärungen. Sie setzten Priester und Medizinmänner ein, die ihnen in jeder Situation Halt geben konnten. Kurz gesagt: Sie glaubten! Und genau diese Menschen mit ihrem Optimismus vermehrten sich. Sie gründeten Familien, zeugten Kinder und gaben die Fähigkeit, positiv auf Symbole zu reagieren, weiter.

Die anderen Menschen, denen diese Gabe fehlte, wurden hoffnungslos, pessimistisch. Sie sahen keinen Sinn im Leben. Sie heirateten nicht, bekamen keine Kinder. Sie starben praktisch aus. **Überleben konnten nur die, die glaubten . . .!"**

2. Zeitkrankheit „Pessimismus"

Selten, sehr selten hat heute einmal einer den Mut, das anzuführen was schön, positiv und lebenswert an unserer Zeit ist. Und hatte er den Mut, es zu tun, dann kann man fast darauf wetten, daß er über sich selbst, über seinen Mut erschrickt und ganz schnell all das widerruft, was er vorher sagte. Man liefe ja auch in Gefahr, als Traumtänzer mit rosaroter Brille bezeichnet zu werden.

Das Negative hat Hochkonjunktur, Weltuntergangsbeschreibungen bringen hohe Auflagen. Rundfunk, Fernsehen und Presse unterrichten uns fast nur noch über den negativen Teil unseres Daseins. Katastrophen und Zerstörungen, Krankheit und Ängste werden millionenfach verbreitet.

Wen wundert es da, wenn sich kaum einer diesem Pessimismus entziehen kann und das „NEGATIVE" in unserem modernen Weltbild einen dominierenden Platz einnimmt.

! Warum vergessen wir eigentlich immer wieder die vielen schönen Dinge in unserem Leben oder schieben sie einfach beiseite, als hätten sie keine Bedeutung mehr? Sie sind selbstverständlich geworden. Wir sehen sie nicht mehr.

Es wird Zeit, daß wir uns alle bemühen uns wieder mehr das Positive, das Lebenswerte, kurz das Optimistische an und in unserem Leben bewußt zu machen. Daß wir für das Schöne in unserem Leben die Augen aufmachen, es wieder sehen.

Wohlverstanden, es geht mir nicht darum, daß wir das Negative und das Schlechte, das es in unserer Zeit gibt, verdrängen. Nein, das Gegenteil ist sogar der Fall. Dadurch, daß wir wieder mehr das Schöne, das Positive und Optimistische beachten, schaffen wir in uns die Kraft, auch das Schlechte und Negative zu meistern.

Vergleichen Sie diese Behauptung von mir einmal mit einem Kranken bei seinem Arzt. Stellen Sie sich vor, der Arzt sagt zu seinem Patienten, während er ihm die Medizin überreicht: *„Nehmen Sie diese Tabletten drei mal täglich ein . . .! Aber ich glaube nicht, daß sie Ihnen noch helfen werden . . .".*

Natürlich wird das kein Arzt zu seinem Patienten sagen, aber wir, wir machen das viel zu oft mit uns selbst und erleben es fast jeden Tag.

! Nur wenn wir an eine Zukunft glauben, an eine Zukunft, die lebenswert, schön und optimistisch ist, nur dann werden wir auch die notwendigen Schritte und Maßnahmen ergreifen, damit das, was wir wünschen und hoffen, Wirklichkeit wird.

☺ Ist es also nicht ein guter Gedanke, dem negativen und pessimistischen Zeitgeist Paroli zu bieten und ihm eine optimistische, positive Haltung, ein optimistisches, positives Denken entgegenzustellen?

Optimismus erzeugt Kraft und Lebensmut, Pessimismus lähmt!

Bereits das Mittelalter drückte seine optimistische Grundstimmung in dem Ruf: *„Es ist eine Lust zu Leben"* aus. Und das, obwohl die Menschen dieser Zeit von Epidemien, Hungersnöten, von Armut und von Kriegen geplagt wurden.

! Und wir, denen es im Gegensatz zu unseren Vorfahren erheblich besser geht, wir stellen hinter alles Tun und hinter alle Werte ein großes Fragezeichen. Ausgerechnet wir Menschen der westlichen Welt, die in einer Zeit des Wohlstandes leben, haben viel zu oft auf die Frage nach dem Sinn unseres Lebens nur noch ein resignierendes Schulterzucken übrig. Ja wir unterstützen immer wieder diesen lebensbedrohenden Pessimismus durch unser ständiges Suchen nach den negativen Seiten in unserem Leben. Positive Zukunftsperspektiven, Ziele und Wünsche für die Zukunft haben oft keinen Platz mehr in unserem Leben.

☺ Wenn jeder von uns, jeder der jetzt diese Zeilen liest, versuchen würde, einmal am Tag einer Sache einen optimistischen, lebensbejahenden, positiven Gedanken abzugewinnen und ihn an seine Umwelt weiterzugeben, es wäre ein großartiger Anfang.

Wenn wir den Trend unserer Zeit, aber auch die Verhältnisse, die scheinbar jeden von uns so fest im Griff haben, verändern wollen, dann müssen wir ALLE diesem Optimismus durch unser positives Denken einen Weg bahnen.

Wir müssen den Pessimismus durch Optimismus besiegen! Aber das Gegenteil tun wir heute! Ständig beeinflussen wir uns negativ, ständig verstärken wir nur noch die negative Ausstrahlung. Dabei fühlen wir alle sehr genau, daß wir unsere Einstellung endlich ändern müssen. Nur das „WIE", das wissen wir sehr oft nicht.

Dieses „WIE" zu erkennen, den Weg, den Pessimismus durch unseren Optimismus zu besiegen, das soll unsere gemeinsame Aufgabe für die nächste Zeit, für die nächsten Augenblicke sein.

3. Optimismus – Es beginnt immer in unserem Denken

Eine neue bessere Zukunft wollen wir aufbauen – so heißt es oft! Aber was ist das für eine Zukunft? Hunderttausende Bürger demonstrieren für den Frieden – und viele fragen sich warum? Unsere Jugend sucht nach dem Sinn des Lebens – und wer gibt ihr die Hilfe, die sie braucht?

Liegt die einzige Chance, die wir heute haben, nicht in einem Umdenken, in einem Umdenken vom Negativen zum Positiven, vom Pessimismus zum Optimismus? Eine Chance, die für uns alle zuerst einmal in unserem Denken liegt?

Machen wir uns an dieser Stelle doch einmal klar, wie und warum unser Denken und unsere innere Einstellung so entscheidend für unsere Zukunft ist.

! Wir alle, Sie und ich, wir leben in einer Welt, die durch unsere Vorstellungen geprägt ist, durch all das, was wir sehen wollen und nicht durch das, was „scheinbar Wirklichkeit" ist! Unser Verstand folgt immer wieder dem, was ihm einprogrammiert wurde, was er erfahren und erlebt hat.

Denken Sie bitte hier nur einmal an unsere „alltägliche" Fähigkeit zu sehen. Eine Fähigkeit, über die keiner groß redet, vor allem dann, wenn die Augen noch gut sind.

Jeder von uns kennt zum Beispiel den Satz: *„Ich sehe zum Fenster hinaus"*. Aber ist das wirklich möglich, können wir wirklich zum Fenster, zu unseren Augen hinausschauen? Und ist dann auch das, was wir sehen, die Wirklichkeit?

Tatsache ist, daß genau der umgekehrte Weg der Fall ist. Die Welt, so wie wir sie sehen, schaut zu uns hinein. Die Lichtwellen treffen von außen auf unsere Netzhaut, werden dort in Informationen umgewandelt und zum Sehzentrum in unserem Gehirn weitergeleitet. Dort, also nur in uns selbst, entsteht dann das Bild von unserer „scheinbaren Außenwelt". Der Versuch mit einer Umkehrbrille kann das sehr schnell beweisen. Setzen Sie sich solch eine Brille auf, steht mit einem mal die ganze Welt auf dem Kopf. Wenn Sie diese Brille aber lange genug tragen, dann beginnt sich Ihr Wahrnehmungsvermögen umzustellen und Sie sehen die Welt wieder ganz normal.

Aber wehe, Sie setzen die Brille wieder ab, sofort steht wieder alles auf dem Kopf.

Wir müssen uns an dieser Stelle tatsächlich einmal fragen, was wirklich wahr ist an unseren Wahrnehmungen und damit an unserer ganzen „realen" Welt. Wir spüren nichts von Radiowellen und Ultraschall, erkennen weder Röntgenlicht noch Raumkrümmung. Ja, sogar viele Tiere sind uns Menschen in ihrer Wahrnehmung weit überlegen, spüren und fühlen Dinge und Ereignisse, von denen wir die Auswirkungen erst in der Zukunft erleben.

Zwar haben es uns die Fortschritte der Technik und der Naturwissenschaften möglich gemacht, auch Eigenschaften der Umwelt festzustellen und zu messen, die außerhalb der Empfänglichkeit unserer Sinnesorgane liegen, aber oft akzeptieren wir auch diese Beweise nicht, oder sie passen einfach nicht in unser vorhandenes Denkschema.

Aber auch der kleine, uns zugängliche Ausschnitt der Wirklichkeit wird von unserem Gehirn nicht wirklichkeitsgetreu aufgenommen. Jede Wahrnehmung ist von den persönlichen Erfahrungen, Erwartungen und Zielsetzungen des einzelnen beeinflußt. Jeder setzt sich sein eigenes Bild zusammen.

Dieses Bild von unserem Gehirn haben die beiden Forscher Humberto R. Maturana und Franzisko J. Varela in ihrem Buch *„Baum der Erkenntnis"* entworfen. Ihre Quintessenz: *„Es gibt keine „wirkliche Wirklichkeit", keine objektive Wirklichkeit also, jedenfalls keine, die unabhängig von uns als den Beobachtern existiert."*

Sehen Sie, hier haben wir die Erklärung für die vielen Pessimisten in unserer Zeit: Sie sehen die Wirklichkeit nur so, wie sie innerlich eingestellt sind – und die Wirklichkeit muß das nicht unbedingt sein.

Vergleichen Sie das, was ich Ihnen eben gesagt habe noch einmal mit einem Tonbandgerät, einem Cassettenrecorder. Sie können alles mögliche aufnehmen, schöne Musik, modern oder Klassik, Rock, Beat, Schlager. Aber auch Sprache, Gedichte, Vorlesungen und genauso Geräusche, rauschende Wellen, Vogelgezwitscher . . .

Aber genauso können Sie auch Disharmonie aufnehmen, störende Geräusche, die einen zum Wahnsinn treiben können, verstimmte Instrumente, disharmonische Töne, bis hin zu Worten und Sätzen, die uns die Freude am Leben nehmen können.

Ihrem Recorder ist das egal, aber wenn Sie dann das Band abspielen, dann hören Sie immer nur das, was Sie vorher aufgenommen haben! Nichts anderes!

Oder stellen Sie sich einen supermodernen, digitalen, quarzgesteuerten Receiver vor. Im gleichen Raum, am gleichen Platz können Sie mit diesem Radio die ganze Welt empfangen.

Aber trotzdem gibt er immer nur einen Sender wieder, nämlich den, auf den Sie ihn eben gerade eingestellt haben.

Ganz genau so ist es bei dem Optimisten und bei dem Pessimisten und auch bei uns. Je nach dem, wie wir innerlich eingestellt sind, sehen wir die schönen Dinge in unserem Leben, Dinge die uns Kraft, Mut, Lebensfreude und Gesundheit geben können, oder das, was uns Mut, Kraft, Lebensfreude und Gesundheit raubt. Immer ist unsere „innere Einstellung", unser Denken das Entscheidende in unserem Leben. Ein neuer Anfang kann für uns also nur aus unserem Denken entstehen, nur aus unserer veränderten Grundeinstellung zum Leben. Es muß uns zu denken geben, wenn schon Paulus sagte: „Das Gute, das ich will, das tue ich nicht, aber das Böse, das ich nicht will, das tue ich."

Wenn wir diesen Satz richtig erkennen, dann wird uns bewußt, daß wir uns von innen heraus ändern müssen. Hier bieten uns die Erkenntnisse der Kräfte unseres Denkens eine ungeheure Chance. Die Frage nach dem „WIE" ist die Frage, wie wir unser Denken beeinflussen und ändern können.

Unser Denken läuft nach ganz bestimmten Grundsätzen, nach ganz bestimmten Gesetzen ab. Erkennen wir diese Gesetze, dann können wir den Pessimismus meistern.

Viele sprechen heute vom positiven Denken, auch wir. Aber das positive Denken ist kein „Allheilmittel" für jedes Problem. Es kann nur eine entscheidende Hilfe bei der Lösung unserer täglichen Probleme, Sorgen und Belastungen sein. Denn positives Denken gibt uns die notwendige Kraft, die wir brauchen, um mit neuem Mut und Selbstvertrauen eine Situation erfolgreich zu meistern.

! Positiv denken heißt nicht, das Negative und die Mißerfolge, die es zwangsläufig geben muß, zu verdrängen oder zu ignorieren.

Positiv denken heißt vielmehr die realistische Betrachtung des Negativen und des Positiven in der heutigen Zeit.

4. Berg und Tal

Sicher ist es sehr schwer, sich dem negativen Einfluß der heutigen Zeit zu entziehen. Gerade wenn der Partner, die Familie, Mitarbeiter und Kollegen negativ denken und dies vor allem auch ausstrahlen, fällt es einem selbst manchmal schwer, noch positiv und optimistisch zu bleiben.

Machen Sie sich hier zunächst einmal bewußt, daß jedes Ding in unserem Leben, jede Situation, jedes Ereignis zwei Seiten hat. Diese beiden Seiten sind unbedingt notwendig, um unser Leben richtig zu erkennen, Schlüsse daraus zu ziehen, zu lernen.

Die Natur beherrscht dieses Gesetz vollkommen. Schauen Sie sich nur einmal genau um: Es gibt Dunkelheit und Helligkeit, es gibt Täler und Berge. Nur durch diese Gegensätze sind Sie in der Lage, das Schöne, das Gute im Leben zu erkennen. Beide Seiten sind im Leben notwendig, oder können Sie den Berg erkennen, wenn es kein Tal gibt, oder den Tag, wenn es keine Nacht gäbe?

Aber heute sehen eben viele Menschen nur die eine, die negative Seite im Leben. Sie sehen nur die Krankheit, den Mißerfolg, die Probleme, Sorgen und Belastungen, sie sehen nur Kummer und Leid, nur Dunkelheit und Haß.

Aber warum ist das eigentlich so? Vor dem Erfolg, vor der Gesundheit, vor Harmonie oder Licht braucht niemand Angst zu haben. Angst haben wir vor Mißerfolg, vor Krankheit, Disharmonie und Dunkelheit. Und diese Angst wird dann auch noch ständig in uns geschürt. Hören Sie einmal aufmerksam Ihren Mitmenschen zu, schauen Sie in die vielen Zeitungen oder auf die Schlagzeilen in den großen Tageszeitung, auf die Titelseiten der verschiedenen Boulevardblätter. Aber auch auf die sogenannten „modernen Autoren", die nur das Negative beschreien und die Welt beschimpfen und dabei noch meinen, sie wären besonders „moralisch" und würden mit diesem „Geschreibsel" der Welt und uns Menschen helfen.

☺ Seien Sie kritisch, wenn Sie mit diesem „Negativen" konfrontiert werden. Denken Sie immer wieder daran: **Nur weil es das „Positive" gibt, kann über das „Negative" berichtet, geschrieben und gedichtet werden.**

☺ Machen Sie einmal die Augen auf und sehen Sie das Schöne, das es auf unserer Erde gibt!

☺ Glauben Sie an sich selbst, an Ihren Partner, an die gemeinsame Zukunft und vertrauen Sie darauf.

☺ Glauben Sie an Gott, an die göttliche Natur, an eine alles bestimmende Kraft. Das gibt uns Kraft und zeigt uns, wie schön die Erde doch ist und was wir alle tun müssen, um unsere Zukunft noch lebenswerter zu gestalten.

☺ Lassen Sie sich nicht mitreißen von der Welle der Resignation und des In-den-Tag-hineinlebens. Nehmen Sie sich jeden Tag etwas Schönes vor. Etwas, was Ihnen und Ihrem Partner Freude macht. Sie werden sehen, es fällt Ihnen vieles leichter.
☺ Befassen Sie sich immer, so oft es am Tag geht, mit positiven, aufbauenden Dingen und achten Sie darauf, daß das Verhältnis zwischen negativen und positiven Informationen und Gedanken möglichst ausgewogen ist.

„Auch dann ist die Sonne noch schön, wenn sie in eine Dreckpfütze scheint. Man muß die Sonne nur sehen!"

II. Gedanken sind Kräfte

„Es ist der Geist, der sich den Körper baut."

FRIEDRICH VON SCHILLER

1. Eine unbegrenzte Kraft

In uns ruht eine Kraft, die uns befähigt, Leistungen zu vollbringen, die zunächst unserem Verstand als fast unmöglich erscheinen. Wir alle haben schon von diesen Fähigkeiten gehört, aber die wenigsten von uns glauben, daß sie selbst zu solchen Leistungen in der Lage sind.

Und doch ist es so, Sie und ich, wir alle haben diese Kräfte in uns. Aber sie sind nicht aktiv, sie ruhen und warten nur darauf, von uns geweckt zu werden. Alle Fähigkeiten, die wir in uns haben, unser Wissen und all unsere rationalen Kenntnisse nützen gar nichts, wenn wir unsere inneren Kräfte nicht nutzen. Dabei sind es gerade diese Kräfte, die für uns und für unser Streben nach einem lebenswerten, optimistischen Leben die größte Hilfe sein können. Ja, in uns ruht eine Kraft, die uns fast alles im Leben erreichen läßt.

Durch die Kraft unserer Gedanken, durch unsere Vorstellungen und Überzeugungen, durch unseren Glauben können wir Ängste, Hemmungen und Probleme abbauen, unsere Selbstsicherheit und unsere Überzeugungskraft stärken, Fantasie und Kreativität steigern, Konzentrationsfähigkeit und Gedächtnis verbessern. Auch den Umgang mit unserem Partner, der Familie und den Mitmenschen können wir harmonisieren, aber auch die Gesundheit erhalten und die Heilung von Krankheiten unterstützen.

2. Bewußt – sein!

„Bewußtsein ist Schöpfung" (Oscar Schellbach, 1. Denkgesetz)
Alles, was durch uns entstehen soll, muß uns erst bewußt
werden, muß erst einmal von uns in allen Bereichen erkannt
werden. Das bezieht sich auf alle Situationen unseres Lebens,
auf das Positive, aber genauso auf alles Negative. Auch die
Arbeit an uns selbst setzt voraus, daß uns die Situation, in der
wir leben, aber auch die Fähigkeiten, die in uns ruhen, bewußt
werden.

Nur ein kleiner Teil unseres gesamten Wissens, nur ein
verschwindend kleiner Teil der in uns vorhandenen Fähigkeiten ist uns bekannt, steht uns somit „oberbewußt" vor Augen.
Das meiste ruht tief in uns in unserem Unterbewußtsein. In
diesem Zusammenhang können wir unser Bewußtsein, Ober-
und Unterbewußtsein mit einer Art „Eisberg" vergleichen, bei
dem ja auch der größte Teil unterhalb der „Wasseroberfläche"
ruht.

Vieles, was unter der Schwelle des Oberbewußtseins ruht, ist
für uns jederzeit abrufbar. Vieles ist aber „tiefer" gesunken,
vieles ist uns nur als dumpfes Gefühl bewußt, und die meisten
Informationen, bis hin zu den biologischen Informationen
unseres Körpers, ruhen ganz tief in unserem Unterbewußtsein.
Viele Menschen meinen, sie könnten diese tief in ihnen
ruhenden Kräfte nicht aktivieren, nicht mit ihnen arbeiten –
obwohl jeder von uns diese Kräfte Tag für Tag nutzt und sich
Nacht für Nacht damit auseinandersetzt.

Denken Sie einmal an das Autofahren. Erinnern Sie sich noch
einmal an Ihre erste praktische Fahrstunde, an die Probleme
und Schwierigkeiten, die damals auftraten.

„Damals" haben viele von uns an sich gezweifelt und waren
der Meinung, nie richtig Auto fahren lernen zu können! Und
heute? Alles läuft völlig automatisch und perfekt ab. Ja so
perfekt, daß wir stundenlang fahren können, uns dabei
entspannen, mit den Gedanken vielleicht ganz woanders sind.
Der Steuerungsmechanismus in uns erledigt alles für uns.

3. Der sechste Sinn

Aber diese inneren Kräfte sind noch viel zuverlässiger, arbeiten noch viel besser für uns. Wie oft erleben wir es, daß uns beim Auto fahren, in Gefahrensituationen, unser „sechster Sinn" warnt. Unsere innere Stimme, die mehr weiß, mehr fühlt, mehr spürt, als wir mit unserem bewußten Verstand wahrnehmen oder es wahrnehmen wollen. Wenn wir nicht alles als Zufall abtun, dann kann es uns manchmal so erscheinen, als ob unser „Inneres" mit den anderen Menschen und den verschiedenen Situationen und Dingen um uns in irgendeiner Verbindung steht.

Es gibt viele verschiedene Erklärungen für dieses Phänomen, das wir ja alle immer wieder erleben. Einer dieser möglichen Erklärungen wollen wir uns hier genauer zuwenden: es ist das „kollektive Unbewußte", das eine Verbindung von Mensch zu Mensch schafft und damit auch für unseren „allgemeinen Optimismus oder Pessimismus" in der heutigen Zeit mitverantwortlich sein kann.

Der Schweizer Psychoanalytiker C.G. Jung sprach von dem kollektiven Unbewußten in uns, von einem Bereich, in dem alle Menschen, wie die Berge auf dieser Erde, miteinander verbunden sind und sich damit auch ihr Wissen, ihre Erfahrungen, ihre Kräfte teilen können.

Prof. Wolf Singer, der Direktor der Neurophysiologischen Abteilung des Max-Planck-Instituts für Hirnforschung in Frankfurt meint in diesem Zusammenhang:

„Es sei müßig, Bewußtsein und ähnliche geistige Leistungen ausschließlich im einzelnen Gehirn zu suchen. Vielmehr sei die Entstehung von Geist ein unendlicher Prozeß des Austauschs mit anderen Gehirnen, das heißt der Kommunikation mit anderen Menschen. Es gebe kein ausschließlich selbstreflektierendes Gehirn, auch keinen systematischen Weg zu einer brillanten Idee. Alles hängt miteinander zusammen, alles ist miteinander verbunden."

Der amerikanische Naturwissenschaftler Prof. Duglas Dean bewies durch viele Versuche, daß Menschen, die konzentriert an andere Menschen denken, diese beeinflussen und Veränderungen hervorrufen können. Vor allem dann, wenn sie auf der emotionalen Ebene, gefühlsbetont, an diese anderen Menschen dachten. Bei seinen Versuchen waren diese „anderen Menschen" an physiologische Geräte angeschlossen, die die Gehirnfunktion, Blutdruck, Herzschlag, Hautwiderstand maßen.

! Es gab bei diesen „Empfängern der Gedanken" deutlich meßbare Veränderungen, wenn auch aus größter Entfernung an sie gefühlsbetont gedacht wurde.

Es ist erstaunlich, wie viele fundierte Beweise es heute für diese „Verbindung untereinander" gibt und wie wenig wir diese Kräfte für ein harmonisches und zufriedenes Leben einsetzen.

4. Alles hängt mit allem zusammen

Es geht Ihnen vielleicht jetzt so wie mir, als ich mich mit diesen Gedanken zum ersten Mal beschäftigte, der „gesunde Menschenverstand" weigert sich, das zu glauben. Aber es gibt noch viele andere Beweise für diese „Verbindung" untereinander. Auch die modernste Physik beschäftigt sich zunehmend mit diesen Gedanken. Anlaß zu solchen Überlegungen gab ein Phänomen, das von Wolfgang Pauli in den vierziger Jahren entdeckt wurde: das „Pauli-Prinzip". Es besagt, daß keine zwei Elementarteilchen in einem Atomverband in allen Eigenschaften übereinstimmen können.

Das ist im Augenblick schwer zu verstehen. Aber die Konsequenz ist recht seltsam. Dreht in einem Verband von zwei Elektronen das eine Elektron seinen „Spin" (Drehrichtung) um, muß das zweite Elektron augenblicklich auch umkippen. Das ist auch dann der Fall, wenn die beiden Elektronen beliebig weit voneinander entfernt werden – auch wenn es sich um Lichtjahre handelt! Woher „weiß" also das „eine Elektron" sofort, was das „andere" gerade tut?

Der in England wirkende Amerikaner David Bohm hat auf Grund dieses Prinzips und verwandter Erscheinungen ("ERP-Phänomen", „Bellsche Ungleichung") eine mathematisch untermauerte Theorie aufgestellt, die er die implizite Ordnung nennt. Danach ist das ganze Universum ein einziges verflochtenes Gebilde. Jedes „Ding" weiß in jedem Augenblick von jedem anderen Ding, zumindest dann, wenn es einmal in enger Bindung zu ihm stand (mit ihm „phasengekoppelt" war).

So unwahrscheinlich dieses Phänomen auch ist, es waren keine Geringeren als Albert Einstein und seine Mitarbeiter Boris Podolsky und Nathan Ross, die es zuerst bemerkten. *„Schon 1935 wurde das Argument vorgebracht, daß zwei Elementarteilchen nach einmaliger Wechselwirkung noch Jahrtausende später, auch wenn Lichtjahre zwischen ihnen liegen, in all ihren nachfolgenden Bewegungen voneinander abhängig bleiben."*

Auf die Erfahrungen unseres Alltags übertragen heißt das: Je näher zwei Menschen zueinanderstehen, je mehr sie sich ähnlich sind, desto eher ist eine Art „gedanklicher" Kontakt möglich. Das gilt besonders für die Beziehung Mutter – Kind oder für eineiige Zwillinge, natürlich auf für Geschwister oder für Menschen, die lange zusammenleben oder einander verbunden sind. Es scheint eine Art Resonanz (Mitschwingen) zu geben, die das Miteinanderleben erst möglich macht.

Wir können dieses Phänomen, allerdings sehr entfernt, mit einem Versuch vergleichen, den wir schon im Physikunterricht durchgeführt haben. In der Physik gibt es den Satz: *„Jeder Körper absorbiert die Schwingungen, die er selbst auszuführen vermag."*

Deshalb klingt die Saite eines Musikinstruments, ohne daß man sie berührt, wenn ihr Eigenton erklingt, auf einem anderen Instrument der gleiche Ton angespielt wird.

Es ist schon eigenartig, daß wir heute gerade durch die moderne Physik zu Ideen gelangen, die den Mystikern aller Länder und Zeiten geläufig waren. So sagte der Schöpfer der „Wellenmechanik" des wichtigsten Teils der Quantenphysik, der Österreicher Erwin Schrödinger, bereits 1945: *„Der Geist*

ist etwas, das wir nicht in der Mehrzahl beschreiben können. Es gibt nur einen GEIST."

Zahlreiche Wissenschaftler, darunter der englische Biologe Sir Alister Hardy, halten zum Beispiel die Telepathie für ein elementares biologisches Prinzip, das in der Evolution eine Schlüsselrolle spielt. Sie könnte etwa für den Zusammenhalt so komplizierter Gesellschaften wie der Bienen oder Ameisen wichtig sein, aber auch für die Verbreitung neuer Eigenschaften, die für die Anpassung an veränderte Umweltbedingungen entwickelt wurden. Welche Chance bietet sich da für uns, wenn wir nur bereit sind, diese Erkenntnisse aufzunehmen und sie in die Tat umzusetzen. Welche Chance, eine pessimistische Grundstimmung in eine optimistische umzuwandeln – und das nicht nur bei uns selbst, sondern genauso bei den Menschen, mit denen wir in einem direkten Kontakt stehen, mit denen wir gefühlsmäßig verbunden sind.

5. Der 100ste Affe

Ein erstaunliches Ereignis, das diese Verbindungen noch einmal eindrucksfähig beweist, ereignete sich im Herbst des Jahres 1958 unter den Augen zahlreicher Wissenschaftler auf der japanischen Insel Koshima. Hier dieses Ereignis in kurzen Stichworten:

„Der japanische Affe, macaca fuscata, ist seit mehr als 30 Jahren in freier Wildbahn erforscht worden. Im Jahre 1952 gaben Forscher auf der Insel Koshima diesen Affen Süßkartoffeln, die in den Sand gefallen waren. Die Affen liebten den Geschmack der rohen süßen Kartoffeln, fanden aber den Schmutz unangenehm. Ein 18 Monate altes Weibchen, genannt Imo, fand eine Lösung für das Problem: Sie wusch die Süßkartoffeln in einem nahe gelegenen Fluß. Diesen „Trick" brachte sie ihrer Mutter bei, ihre Spielgefährten lernten es auch und unterrichteten ebenfalls ihre Mütter.

Nach und nach wurde diese „kulturelle Innovation" unter den Augen der Wissenschaftler von verschiedenen Affen übernommen. Zwischen 1952 und 1958 lernten alle jungen Affen, sandverschmutzte Süßkartoffeln zu waschen, um sie schmackhafter zu machen. Allerdings: Nur jene Erwachsenen, die von ihren Kindern lernten, nahmen an diesem gesellschaftlichen Fortschritt teil. Andere Erwachsene aßen weiterhin sandverschmutzte Süßkartoffeln.

Dann im Herbst des Jahres 1958 passierte etwas sehr Erstaunliches. Eine bestimmte Anzahl von Affen auf der Insel Koshima beherrschte die Technik des Kartoffel-Waschens. Die genaue Anzahl ist uns nicht bekannt, lassen Sie uns also annehmen, daß an diesem Morgen, als die Sonne aufging, 99 Affen auf der Insel Koshima gelernt hatten, Süßkartoffeln zu waschen. Lassen Sie uns weiter annehmen, daß später an jenem Morgen der 100ste Affe lernte, die Kartoffeln zu waschen. Dann passierte es: Am Abend jenes Tages wusch jedes Mitglied der Horde vor dem Verzehr die Süßkartoffeln. Die zusätzliche Energie (geistige Energie?), eingebracht durch den 100sten Affen, hatte irgendwie zu einem ideologischen Durchbruch geführt.

Und noch etwas geschah: Die Wissenschaftler stellten fest, daß sich die Sitte des Süßkartoffel-Waschens spontan über den Ozean hinweg auf den anderen Inseln ausbreitete. Kolonien von Affen auf anderen Inseln und auf dem japanischen Festland bei Takasakiyama fingen an, Süßkartoffeln vor dem Verzehr zu waschen."

(Lifetide, Layall Watson, 147/148)

„Die Verhältnisse werden sich ändern, aber erst muß sich der Mensch ändern." (Henry Ford)
Eigentlich bietet sich jetzt die Frage an: „Wer ist der 100ste Affe von uns, wer ist es, auf den es jetzt ankommt?"
Und die Antwort: „Jeder kann es sein, auf jeden einzelnen von uns kommt es an! Auf Sie, die Sie jetzt diese Zeilen lesen."

6. Alles ist Energie

Was kann es nun wirklich sein, was uns untereinander verbindet und auch nicht vor Tieren, ja vor der Natur halt macht? Eine Erklärung für diese außergewöhnlichen Ereignisse könnte die Aura, das Energiefeld sein, das alles Lebende umgibt. Wir alle kennen die vielen Gemälde und Abbildungen von Heiligen und den Heiligenschein, der den Kopf dieser Menschen umgibt. Gibt es diese Aura, dieses Energiefeld?

Der russische Wissenschaftler Semjon Kirlian hat ein Beobachtungsgerät entwickelt, mit dem man diese „Aura" fotografieren kann. Schauen Sie sich bitte einmal die folgenden Abbildungen an, und bilden Sie sich Ihr eigenes Urteil.

Die stärkste Ausstrahlung immer am Kopf:
Fresko des Hl. Franz von Assisi,
gemalt von Giotto di Bondone (1266-1337)

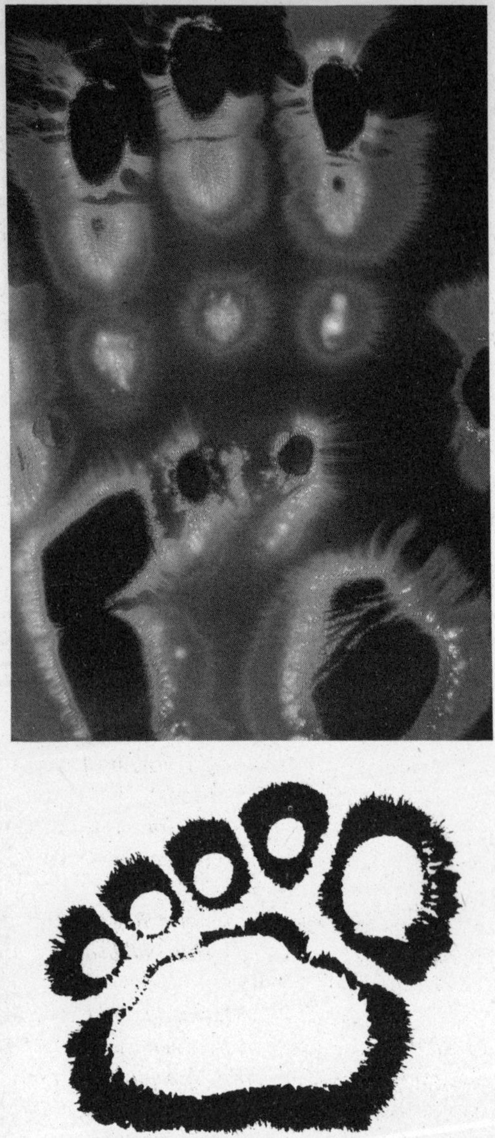

Kirlianaufnahmen von Hand und Fuß

Eins muß uns hier schon klar sein: Unser Bewußtsein, die Kraft unserer Gedanken und Vorstellungen, unsere optimistische oder pessimistische Einstellung endet nicht an der Grenze unseres Körpers. Damit ergeben sich völlig neuartige, vielleicht im Augenblick noch nicht begreifbare und erfaßbare Möglichkeiten.

Wie weit diese Möglichkeiten gehen, das wurde unlängst bei einem Versuch in den USA bewiesen, bei dem es um die Kraft der Gebete für kranke Menschen ging.

„... Zum erstenmal ist es nun in den USA gelungen, das Vorhandensein dieser Heilungskräfte in einer wissenschaftlichen Studie auch objektiv nachzuweisen.

An diesem Versuch, den der Herzspezialist Prof. Dr. Randy Byrd am San Francisco General Hospital durchführte, nahmen 393 Herzpatienten teil. Für 192 von ihnen wurde regelmäßig gebetet, für die restlichen 201 nicht. Keiner der 393 Patienten wußte, zu welcher der beiden Gruppen er gehörte. Und auch die behandelnden Ärzte wußten es nicht.

Gebetsgruppen verschiedenster Konfessionen im ganzen Land beteten regelmäßig für einen der 192 Patienten. Sie kannten den jeweiligen Kranken nicht, sondern erfuhren lediglich seinen Namen, die Diagnose und den gegenwärtigen Gesundheitszustand. Das Ergebnis war verblüffend: Jene Kranken, für die gebetet wurde, benötigten weniger Antibiotika, unter ihnen kamen Lungenödeme seltener vor, und sie mußten in keinem Fall künstlich beatmet werden."

„Dieser Versuch liefert den Beweis dafür, daß es zutrifft, was Christen von jeher glauben: daß Gott ihre Gebete erhört", meint Prof. Byrd. (Medical Tribune)

„Wer ganz und gar im Bann rationaler Begrenzung lebt, wird diese nie überwinden können, nichts vollbringen, was dem Verstand als unmöglich erscheint."

„So wird das Denken der breiten Masse, das Bild, das sie sich von sich selbst macht, weitgehend von den Denkstrukturen der klassischen Physik des vergangenen Jahrhunderts bestimmt.
Die allermodernste Physik ergibt ein völlig neues Menschenbild mit ungeahnten Fähigkeiten in jedem einzelnen von uns."
(Prof. Dr. Alfred Stelter)

7. Was ist Wirklichkeit?

Sie erinnern sich noch an unser Beispiel vom „sehen" und der Redewendung: „Ich schaue zum Fenster hinaus".

Wir alle leben in einer mehr oder weniger scheinbaren Wirklichkeit, in einer Wirklichkeit, die sich überwiegend in unserem Innern abspielt. Erst dann, wenn wir das akzeptieren, wenn auch unser Verstand von dieser Tatsache überzeugt ist, können wir beginnen, mit den in uns ruhenden Kräften zu arbeiten.

Nicht unser Glaube ist das große Problem, sondern unser Verstand. Aber es gibt gute Möglichkeiten und viele Beispiele um diesen „überkritischen" Verstand in uns zu überzeugen. Beispiele aus unserem täglichen Leben, Situationen, die wir schon alle erlebt haben – allerdings ohne über ihre Konsequenzen wirklich nachzudenken.

Immer wieder hören wir von Menschen, die „Erscheinungen" haben, „Wahnvorstellungen", die Dinge sehen, die nach der Meinung der anderen Menschen aber gar nicht wirklich existieren. Hysterie, Spinner, alles Einbildung..., das sind dann die Äußerungen dieser „realistischen" anderen Menschen.

Aber haben wir es nicht schon selbst erlebt, daß wir meinten, Dinge gesehen zu haben, die aber in „Wirklichkeit" nicht da waren?

Ein Beispiel dafür finden Sie auf der nächsten Seite: Sie werden etwas „sehen", – was gar nicht mehr vorhanden ist. Schauen Sie einmal eine Minute lang intensiv auf den schwarzen Punkt auf dem Segel. Bewegen Sie die Augen nicht, sondern konzentrieren Sie sich nur auf diesen schwarzen Punkt.

Richten Sie dann Ihren Blick auf eine leere, weiße Fläche. Sie werden feststellen, daß Sie immer noch das Segelboot vor Augen haben, wenn auch als „Negativ". Ja, auch wenn Sie Ihre Augen schließen, sehen Sie noch für einige Zeit das gleiche Bild.

Wir sehen etwas, das wir nicht sehen!

8. Alltäglich: Optische Täuschungen

Wir kennen alle die vielen Beispiele für optische Täuschungen. Aber nehmen Sie ruhig ein Zentimetermaß zur Hand, falls Sie Ihren Augen nicht trauen. Die Kreise A und B haben den gleichen Durchmesser. Die Strecken C und D (S. 34) sind gleich lang. Womit bewiesen ist, daß wir zu Fehleinschätzungen unserer Wirklichkeit neigen!

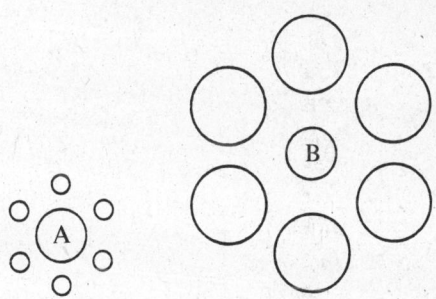

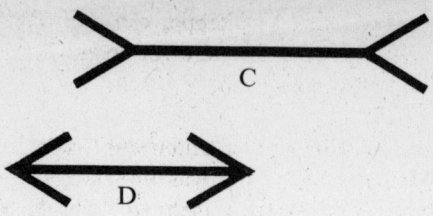

Bei diesen Beispielen ist es so, daß wir alle die „scheinbare Wirklichkeit" in der gleichen Weise wahrnehmen. Anders ist das bei den sogenannten „Kippfiguren". Wenn wir Kippfiguren, wie die auf den nächsten Seiten, lange genug anschauen, so beginnen diese Figuren zu „kippen": Wir sehen plötzlich ein ganz anderes Bild und haben somit zwei deutlich zu unterscheidende Wahrnehmungen ein und desselben Gegenstandes.

Und das Entscheidende für uns: Wir können dieses „Bild" durch unseren Willen beeinflussen. Sie erkennen, daß wir unseren „inneren Abläufen" nicht hilflos ausgeliefert sind! Die Schrödersche Treppe kann uns das sehr eindrucksvoll zeigen. Schauen Sie sich diese Treppe genau an. Konzentrieren Sie sich voll auf die Abbildung.

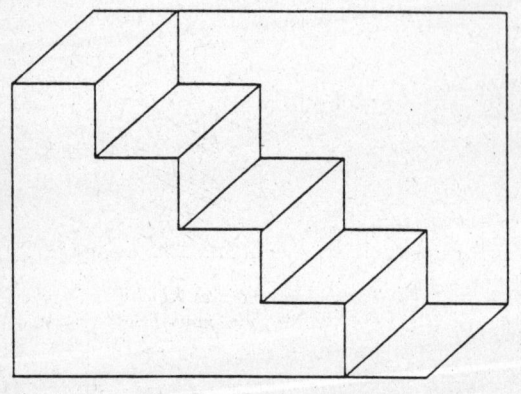

Die Schrödersche Treppe

34

Entweder sehen Sie eine Treppe, die von links oben nach rechts unten führt, oder eine, die von rechts oben nach unten führt und auf dem Kopf steht.

Ein anderes Beispiel ist der unten abgebildete Frauenkopf. Beschreiben Sie in aller Ruhe, was Sie sehen. Ist es eine junge, hübsche Frau, oder eine nicht mehr so „hübsche" Alte? Etwas mehr als die Hälfte aller Betrachter sehen bei diesem Bild eine junge Frau, der Rest eine ältere.
Warum das so ist, darüber gehen die Meinungen auseinander, aber es scheint so als ob unsere „innere Einstellung" ganz entscheidend für das, was wir wahrnehmen, mitverantwortlich ist.

Ein etwas komplexeres Kippbild.
Die meisten Menschen sehen erst eine junge Frau und dann die Alte.

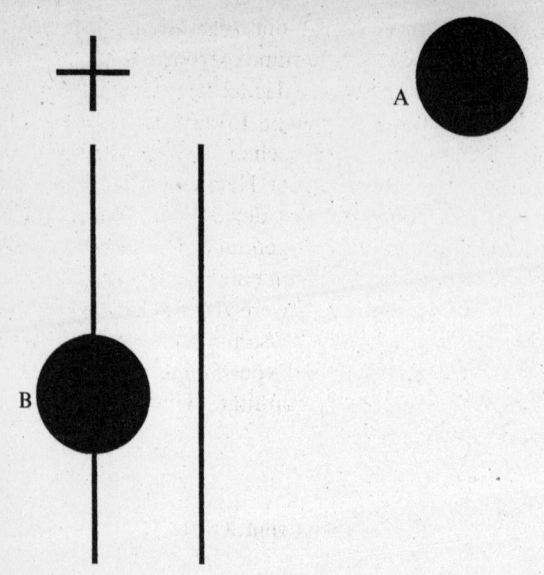

Das Faszinierende am Experiment mit dem blinden Fleck ist:
Wir sehen nicht, daß wir nicht sehen!"
(Humberto R. Maturana / Francisco J. Varela: "Der Baum
der Erkenntnis", Scherz Verlag)

In dem Buch „Baum der Erkenntnis" beschreiben die beiden
Neurobiologen Humberto Maturana und Francisco Varela ein
anderes Problem mit unserer „scheinbaren Wirklichkeit" und
bitten ihre Leser gleichzeitig, einen Versuch zu unternehmen:
„Anstatt darüber zu sprechen, wie unsere scheinbar so fest
gefügte Erfahrungswelt rasch unglaubwürdig wird, wenn wir sie
von nahem betrachten, werden wir dies an Hand einer einfachen
Situation nachweisen, einer Situation, die dem Bereich unserer
alltäglichen visuellen Erfahrung entstammt."
Anschließend soll der Leser einen Versuch machen, den Sie
bitte auch einmal durchführen: Der Leser soll das Kreuz auf
der Abbildung fixieren, sein linkes Auge zuhalten und das
Blatt in einem Abstand von etwa 40 cm vor dem Auge hin- und
herbewegen. Dabei wird er beobachten, wie der nicht gerade

kleine schwarze Punkt A auf der Abbildung plötzlich verschwindet. Er kann weiter herumexperimentieren, indem er das Blatt ein wenig dreht oder das andere Auge öffnet.

Die normalerweise angenommene Erklärung für dieses Phänomen ist, daß in dieser spezifischen Position die Abbildung des Punktes auf den Bereich der Netzhaut fällt, der für das Licht unempfindlich ist, da dort der Sehnerv austritt. Dieser Bereich wird „blinder Fleck" genannt. Dies erklärt jedoch nicht, warum wir nicht ständig mit einem visuellen Loch dieser Größe durch die Welt gehen. Unsere visuelle Erfahrung ist die von einem kontinuierlichen (zusammenhängenden) Raum. Solange wir keine geistreichen Experimente machen, nehmen wir in der Tat jene Diskontinuität (Unterbrechung), die erscheinen soll, nicht wahr.

9. Gedanken sind Kräfte

Einmal sehen wir etwas, das nicht existiert. Dann sehen wir etwas, aber wir erkennen die Relationen nicht. In einem anderen Fall sehen wir erst eine Version einer Sache, dann eine völlig andere. Und dann bemerken wir nicht, daß wir „nichts" sehen. Unser Bewußtsein spielt da die tollsten Streiche mit uns. Aber eines ist völlig klar:
! Die Art und Weise, wie wir die Welt um uns herum erleben, ist tatsächlich eine Frage unseres Bewußtseins, unserer inneren Einstellung und der Art und Weise, wie wir denken.
Wir sprechen in der heutigen Zeit immer wieder von dem „neuen Denken" und von der Kraft „unserer Gedanken". Aber viele Menschen vergessen, daß die Kraft unserer Gedanken, unseres Bewußtseins nicht nur in positiver Richtung, zum Segen der Menschen und der Umwelt, arbeiten kann. Wir müssen uns ganz klar bewußt sein, welche Verantwortung wir übernehmen, wenn wir unsere inneren Kräfte einsetzen wollen.
! Wir Europäer leben in einer Welt, die durch das rationale Denken, durch unseren Verstand geprägt ist. Unser Gehirn besteht aus zwei Gehirnhälften, der linken mehr rationalen

Seite. Die rechte, ist die mehr kreative Seite und der Bereich unseres Gefühls und unserer emotionalen Steuerung.

! Es wäre ein ganz entscheidender Fehler, sich voll auf eine Seite zu konzentrieren, so wie wir es in der Vergangenheit viel zu oft getan haben. Wir haben unsere linke Seite, den rationalen Bereich, überbewertet. Aber es wäre ein genauso großer Fehler, wenn wir uns jetzt nur auf die rechte Seite stürzen würden. Wir wollen unseren Verstand nicht ausschalten, sondern ihn im Gegenteil zur vollen Unterstützung auffordern.

Aus diesem Grund haben wir uns auch ausführlich mit den verschiedenen Bereichen unseres Bewußtseins beschäftigt. Erst wenn wir von der fast grenzenlosen Leistungsfähigkeit in uns überzeugt sind, setzen wir diese Kräfte auch wirklich ein!

10. Ein entscheidender Schritt

Daß in uns wirklich eine fast unbegrenzte Kraftreserve ruht, davon sind Sie sicher inzwischen überzeugt. Aber im Gegensatz zur Aktivierung unserer körperlichen Kräfte fällt uns die Arbeit mit diesen geistigen Kräften erheblich schwerer.

Bei dem Training unserer Muskeln brauchen wir zum Beispiel nur ein Gewicht oft genug hoch zu heben, und der anschließend folgende Muskelkater zeigt uns schon eine körperliche Reaktion – und der Glaube an das Training fällt dadurch nicht sehr schwer. Würden wir auch in unserem Gehirn einen Muskelkater bekommen, dann wäre auch dieses Training erheblich leichter. Aber so müssen wir einfach erst einmal daran glauben und es versuchen!

Eine zusätzliche Schwierigkeit ergibt sich aus der Tatsache, daß unser Gehirn und seine Leistungsfähigkeit nur zu einem kleinen Teil erforscht und erkannt ist, und so liegen natürlich auch keine genauen Trainingskonzepte vor.

Der beste Weg und Ihr entscheidender Schritt zur Praxis ist der, daß Sie sich durch einige einfache Versuche an Ihre inneren Kräfte „herantasten". Dabei muß Ihr anfänglich zweifelnder Verstand immer wieder aufs neue überzeugt werden.

Der einfache Pendelversuch kann jedem von uns sehr schnell beweisen, wie unsere Vorstellungen und unsere Gedanken unseren Körper beeinflussen und feinste Muskelbewegungen auslösen. Bewegungen, die wir bewußt nicht wahrnehmen, unser Körper aber doch ausführt.

„Das Pendel besteht aus einem etwa 15–20 cm langen Bindfaden und einem kleinen Ring, den Sie an das Ende des Fadens binden. Auf ein Blatt Papier zeichnen Sie einen großen Kreis, den Sie durch zwei Linien, eine vertikale und eine horizontale, in vier gleiche Teile aufteilen.

Das andere Ende des Fadens wird vom Daumen und Zeigefinger gehalten, den Ellenbogen stützen Sie wie auf der Abbildung auf den Tisch.

Ohne daß Sie jetzt bewußt nachhelfen, können Sie das Pendel in die verschiedensten Richtungen bewegen. Konzentrieren Sie sich ganz intensiv auf eine bestimmte Bewegung des Pendels, sehen Sie in Gedanken, wie sich das Pendel bewegt – und es wird sich genau in die Richtung bewegen, die Sie sich vorgestellt haben.

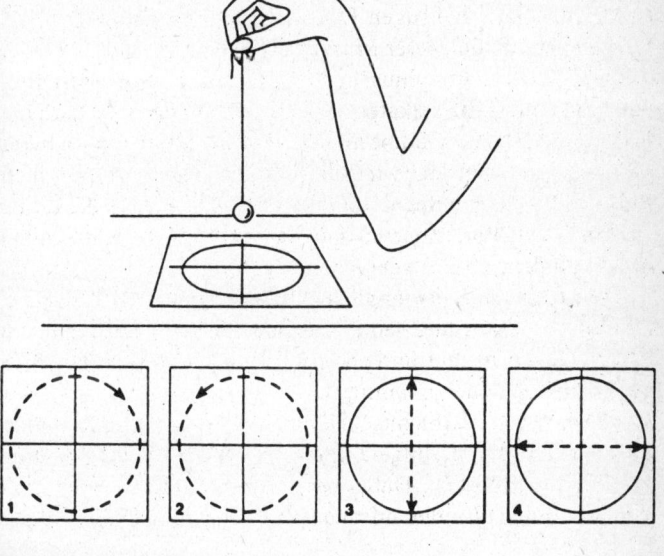

Eine weitere Übung, die Ihnen sehr schnell zeigen kann, wie sehr unsere Gedanken auf unseren Körper einwirken, läuft folgendermaßen ab:

„Stellen Sie sich im Abstand von ca. 15 cm an eine Wand. Jetzt schließen Sie Ihre Augen und stellen sich vor, Sie seien ein Schilfrohr an einem See. Stellen Sie sich vor, wie der Wind Sie langsam hin und her wiegt. Stellen Sie sich das ganz intensiv vor." Sie werden sehr schnell merken, wie Sie tatsächlich anfangen, hin und her zu schwingen.

Wenn Sie sich dann in der zweiten Stufe dieser Übung ganz intensiv vorstellen, daß jetzt der Wind von vorne kommt und Sie immer weiter nach hinten drückt, dann ist der Zeitpunkt nicht mehr weit und Sie fallen wirklich nach hinten. Ihr Körper führt das aus, was Sie ihm durch Ihre Gedanken vermitteln. Je intensiver und genauer der Befehl an Ihr „Inneres" ist, um so genauer ist auch die Ausführung.

Führen Sie bitte diese Übungen genau durch, denn für den Erfolg der nächsten Kapitel sind sie eine wichtige Voraussetzung.

III. Was erwarten wir?

Unsere Wünsche sind die Vorboten der Fähigkeiten,
die in uns ruhen"

JOHANN WOLFGANG VON GOETHE

1.Wie will ich sein?

Johann Wolfgang von Goethe hat einmal über die Kunst einer erfolgreichen Menschenbehandlung folgendes gesagt: *„Wenn wir die Menschen so behandeln wie sie sind, dann machen wir sie schlechter. Behandeln wir sie dagegen schon so, wie sie sein sollten, dann bringen wir sie dahin, wohin sie zu bringen sind."* Für uns geht es ja darum, was wir tun können, um unsere täglichen Probleme, Sorgen und Hindernisse, die sich uns immer wieder in den Weg stellen, möglichst erfolgreich zu meistern. Auch hier kann uns das Zitat von Johann Wolfgang von Goethe, in einer etwas abgewandelten Form der entscheidende Hinweis sein: *„Wenn Du dich selbst so behandelst wie Du bist, dann machst Du dich schlechter! Du mußt dich so behandeln, wie Du sein willst!"* „Wie will ich sein?" Das ist also der entscheidende Satz! **Es kommt für uns vor allem darauf an, zu wissen, wie wir sein wollen – und gar nicht so sehr, wie wir sind!** Warum, damit werden wir uns jetzt beschäftigen.

In unserem zweiten Kapitel haben wir uns ausführlich mit der Kraft und der Bedeutung unseres Bewußtseins beschäftigt und mit der sich daraus ergebenden lebens- und erfolgsentscheidenden Kraft und Macht unserer Gedanken. Wir wissen jetzt, daß diese Kraft ganz entscheidend an unserem Optimismus, ja an unserem ganzen Lebenserfolg mitwirken kann.

2. Prophezeiungen, die sich selbst erfüllen

Stellen Sie sich einmal vor, heute wäre Freitag, der 13. Was glauben Sie, wieviele Menschen schon gestern Abend mit ängstlicher Erwartung ins Bett gegangen sind, mit Gedanken wie: „Was wird nur morgen alles passieren?" Und wieviel mehr Menschen verbringen den heutigen Tag in Angst und Furcht, in ständiger Erwartung eines Unglücks. Und dann passiert es meistens auch, das Mißgeschick, das kleine oder große Unglück. Das alles nur, weil auf dem Kalender heute Freitag, der 13te steht!

Kann es wirklich sein, das eine Zahl, ein Tag, ein Datum, oder vielleicht die schwarze Katze . . . . verantwortlich für unser Glück oder Unglück sind? Was ist los mit den vielen Menschen, die im 13ten Stock eines Hochhauses wohnen – im Lift steht aber 12A . . ., und diese Beispiele könnte ich noch lange weiterführen.

Der bekannte Psychotherapeut Paul Watzlawick hat in seinem Buch „*Vom Schlechten des Guten*" ein schönes Beispiel für diese „Prophezeiungen, die sich selbst erfüllen", beschrieben:

„ . . . *Es war einmal ein Mann, der lebte glücklich und zufrieden, bis er eines Tages, vielleicht aus zweckloser Neugierde, vielleicht aus purem Leichtsinn, die Frage stellte, ob das Leben seine eigenen Regeln hat . . . So begann er zum Beispiel dem Horoskop in der Tageszeitung Aufmerksamkeit zu schenken. Was die guten, erfreulichen Voraussagen betraf, so traten sie entweder ein oder nicht ein. Ihr Nichteintreten war enttäuschend, stellte aber keine besondere Gefahr dar. Die warnenden Voraussagen aber erwiesen sich irgendwie als ungleich verläßlicher. So las er eines Morgens beim Frühstück, daß heute besondere Vorsicht geboten sei, da den unter seinem Sternzeichen Geborenen (etwa 350 Millionen an der Zahl) ein Unfall drohe.*

Zuerst erschrak er so, daß er den Kaffee verschüttete. Da dies seiner Ansicht nach aber ein nicht genügend ernser Unfall war, um die Welt wieder ins Lot zu bringen, beschloß er, heute nicht den Autobus zu benutzen, sondern zu Fuß zur Arbeit zu gehen. Gehen ist zwar sicherer als Fahren, aber bekanntlich ist wenigstens jeder 13. Schritt gefahrvoll, von der 13. Stufe einer

Treppe ganz zu schweigen. Als er in der Fußgängerunterführung zu jener Stufe hinunterkam und sie überspringen wollte, stolperte er und schürfte sich das Knie auf. Das Horoskop hatte also recht!"

Schon vor über 30 Jahren hat der amerikanische Soziologe Robert Murton den Begriff der „sich selbst erfüllenden Prophezeiung", abgekürzt „SFP", geprägt. Er hat bei seinen Studien erkannt, daß diese Prophezeiungen, die wir uns selbst geben oder die uns von außen gegeben werden, in einem ungeheuren Maße unser Leben bestimmen.

Diese „sich selbst erfüllenden Prophezeiungen", kurz „SFP", beeinflussen alle Bereiche unseres Lebens, unsere Gesundheit, unseren beruflichen Erfolg und die gesamte Ausbildung. Überall wirkt diese „SFP". Robert Murton sagt selbst, daß sie allumfassend ist, das heißt, sie umfaßt ganze menschliche Leben. Für uns und unsere Arbeit an unserem „Optimismus" ist diese Erkenntnis von Robert Murton so wichtig, daß wir uns hier ausführlich mit diesen Gedanken beschäftigen müssen.

Bewiesen wurden die Erkenntnisse von Robert Murton schon Anfang der 60iger Jahre durch den Psychologen Robert Rosenthal an der Harward-Universität. Das berühmteste Experiment von ihm war der Versuch an der Oak-School, einer Grundschule bei Philadelphia. Bei diesem Versuch wurden Lehrern wahllos Namen von Kindern dieser Schule angegeben und dabei die Bemerkung gemacht, daß von diesen Kindern größere geistige Leistungen erwartet werden könnten, da sie einen höheren Intelligenzquotienten hätten. Tatsächlich stellte sich im Laufe des Jahres bei diesen Kindern eine höhere Leistung ein, ja, der Intelligenzquotient wurde meßbar besser! Und das vermutlich nur, weil die Lehrer eben diese Leistungen von den Kindern erwartet hatten.

Der gleiche Versuch wurde auch mit Ratten und mit Erdwürmern durchgeführt. Das Ergebnis, der „Rosental-Effekt", war immer das gleiche. Die Gründe dafür vermutet man in dem unterschiedlichen Verhalten, wie die Lehrer mit den Schülern umgingen oder die Experimentatoren mit den Versuchstieren.

Aber auch feinste (subtile) Signale in der Gestik, Mimik und in der Sprache können diesem Rosenthal-Effekt zu Grunde liegen. Im Institut für Psychologie an der UNI Gießen versucht man, diese subtilen Signale zu entschlüsseln, die motivieren oder demotivieren. Auch hier vermutet man, daß die Sprache, die Modulation, aber auch der Gesichtsausdruck bis hin zu der Pupillengröße eine mögliche Ursache ist.

Sie sehen schon jetzt an diesen Beispielen, die übrigens alle wissenschaftlich fundiert und bewiesen sind, wie sehr unsere Erwartungen unser Leben optimistisch, aber auch pessimistisch beeinflussen können, und daß diese Erwartungen, die wir in uns tragen, auch den Umgang mit unseren Mitmenschen entscheidend beeinflussen können. Überall in unserem Leben wirken diese „sich selbst erfüllenden Prophezeiungen", im Umgang mit unserem Partner, unserer Familie, mit unseren Freunden und Bekannten, genauso wie in unserem ganzen beruflichen Streben nach Erfolg und Anerkennung.

! Denken Sie an dieser Stelle noch einmal an das vorige Kapitel zurück, an die Aura, das Energiefeld, das uns umgibt und auch an das „kollektive Unbewußte". Sie sehen jetzt schon ganz deutlich, welche Fehler wir immer wieder machen und wie wichtig unsere „Erwartungshaltung" für unsere ganzes Leben ist!

3. Was erwarten wir?

Warum gibt es so viele Probleme am Freitag, dem 13ten? Oder gehen Sie einmal in ein großes Hotel und suchen Sie die Zimmernummer 13! Fahren Sie mit einem Lift viele Etagen hoch. Was erleben Sie da sehr oft? 10 – 11 – 12 – 12A -14 ...! Wo bleibt da unser Verstand? In welchem Stock leben und arbeiten eigentlich die Menschen in 12A?

! Unsere ganze Welt, unser ganzes Leben ist voll mit diesen „sich selbst erfüllenden Prophezeiungen", von Erwartungen, die sich selbst erfüllen. Ja, oft ist es so, daß sich das Leben mancher Menschen täglich danach ausrichtet. Denken Sie nur an die vielen Menschen, die jeden Morgen voll Hingabe Ihr Horoskop lesen und sich damit schon eine Prophezeiung für den Tag geben, damit eine ganz bestimmte Erwartung in diesen Tag hineinlegen.

! Die Verhaltensforschung weiß um die Bedeutung dieser "sich selbst erfüllenden Prophezeiungen". Aber warum arbeiten wir alle so wenig mit diesen Erkenntnissen? Machen wir nicht immer wieder ganz entscheidende Fehler im Umgang mit uns selbst und unserer Umwelt, die alle in den Bereich der "sich selbst erfüllenden Prophezeiungen" hineinfallen? Ich möchte Ihnen diese Problematik an drei alltäglichen Beispielen verdeutlichen, Bereiche, die für unser ganzes Leben und für unsere Zukunft von entscheidender Bedeutung sind.

4. Unsere Jugend

Denken Sie hier einmal an unseren Umgang mit Kindern und Jugendlichen, an das „moderne" Erziehungs- und Schulsystem, aber auch an die diversen Informationen, Berichte und Sendungen, die sich speziell mit diesen Problemen beschäftigen. Mit welchen Gedanken und Einstellungen gehen wir Eltern an die täglichen Probleme unserer Jugendlichen? Welche Erwartungen haben die Lehrer, Ausbilder und die, die mit ihnen in Kontakt stehen?

Welche Erwartungen werden aber auch in den Jugendlichen geweckt – durch die Eltern, Lehrer, Ausbilder, durch die Medien und die Politiker? Hier entstehen entscheidende Erziehungsfehler, die bei den Jugendlichen zu geistigen, seelischen Defekten führen können. An Hand von Forschungsbeispielen möchte ich Ihnen die Bedeutung der „sich selbst erfüllenden Prophezeiungen" für den Umgang mit Jugendlichen aufzeigen.

„Der Psychologe W.B. Seaver wollte 1971 wissen, wie stark die Erwartungen von Lehrern durch ihre Erfahrungen mit älteren Geschwistern von Schülern beeinflußt werden. Untersucht wurden dazu 79 Geschwisterpaare.

! Jüngere Geschwister guter Schüler erzielten bei dem Lehrer, der auch schon die Geschwister unterrichtet hatte, bessere Leistungen in Tests als bei fremden Lehrern.

! Jüngere Geschwister schlechter Schüler schnitten beim Lehrer der Geschwister schlechter ab als bei fremden Lehrern. Nun könnte man denken: Nun ja, ein Lehrer, der von einem Schüler besonders viel hält, gibt ihm eben auch ohne Grund bessere Noten. Aber das ist nicht der Punkt. Der Schüler, den der Lehrer für gut hält, ist nach einiger Zeit auch besser. Der, den er für unbegabt hält, ist nach einer Weile auch in seinen Intelligenzleistungen zurück. Das geschieht keineswegs auf magische, sondern auf durchaus erfaßbare Weise. Die Lehrer verhalten sich nämlich gegenüber guten Schülern anders als gegenüber schlechten und fördern bzw. bremsen sie damit in ihrer Entwicklung: ! Gute Schüler (= Schüler, von denen die Lehrer viel erwarten) werden für richtige Antworten häufiger gelobt und für falsche seltener getadelt, als das bei schlechten Schülern geschieht.

! Gute Schüler haben bei falschen Antworten häufiger eine weitere Chance als schlechte Schüler. Die Lehrer wiederholen nämlich bei den guten Schülern häufiger die Frage, formulieren sie um oder geben Hinweise zur Beantwortung.

! Gute Schüler werden häufiger aufgerufen, wenn sie sich melden. Schlechte Schüler werden häufiger aufgerufen, wenn sie sich nicht gemeldet haben.

Machen Sie sich hier noch einmal unser Schulsystem bewußt und welche Verantwortung unsere Lehrer ihren Schülern gegenüber haben. Aber Erwartungen wirken sich überall zum Nutzen oder zum Schaden aus. Schauen wir in die Erziehung und in das „Elternhaus".

! Ein Kind, das seine Eltern für schüchtern halten, wird mit hoher Wahrscheinlichkeit auch schüchtern, auch oder gerade wenn die Eltern es häufig aufmuntern, seine Zurückhaltung doch aufzugeben.

! Ein Kind, bei dem die Eltern sehr früh eine Ähnlichkeit mit dem etwas fragwürdigen Onkel Helmut entdecken, wird mit hoher Wahrscheinlichkeit schon bald Züge des fragwürdigen Onkels annehmen.

! Ein Kind, das von seiner Mutter für besonders zart und

sensibel gehalten wird, wird mit hoher Wahrscheinlichkeit auch zart und sensibel.

Inzwischen weiß man auch, auf welchem Wege die Erwartungen ihre – meist unbeabsichtigte – Wirkung tun. Es ist ein mehrstufiger Vorgang: Nehmen wir als Beispiel ein „ungeschicktes Kind".

1. Stufe: Die Mutter meint aufgrund irgendwelcher Beobachtungen, ihr Kind sei weniger geschickt als andere.

2. Stufe: Dieses – begründete oder unbegründete – Urteil weckt in ihr die Erwartung, daß das Kind sich auch künftig oft ungeschickt verhalten wird.

3. Stufe: Die Erwartung beeinflußt ihr Verhalten dem Kind gegenüber. Sie wird ihm nur mit großer Besorgnis in der Stimme etwas Zerbrechliches überlassen. Oder sie wird angesichts einer tollen Bastelarbeit vielleicht ungläubig fragen: „Hast du das wirklich ganz allein gemacht?"

4. Stufe: Macht das Kind lange genug die Erfahrung, daß die Mutter es für ungeschickt hält, dann übernimmt es das Urteil der Mutter. Es hält sich nun selbst für ungeschickt.

5. Stufe: Das Kind benimmt sich aus Angst ungeschickt, weil es sich selbst nichts zutraut. Und meidet möglichst alle schwierigen Situationen.

Letzte Stufe: Das Kind ist – nun auch aus Mangel an Übung und Erfahrung – tatsächlich ungeschickt.

5. Optimismus und Erfolg

Wie sieht es nun mit unseren täglichen Erwartungen in unserem Alltag aus? Wie sieht es aus, wenn wir vor Streß- und Belastungssituationen stehen? Statt uns darauf zu konzentrieren, wie wir heute einen erfolgreichen Tag haben werden, sehen wir in Gedanken schon, wie alles schiefgeht, wie wir einen Mißerfolg haben. Und dann wundern wir uns auch noch, wenn diese „gefürchtete" Situation eintritt. Unsere Gedanken haben unser Handeln beeinflußt und unsere Erwartungen, in diesem Fall unsere „Befürchtungen". Sie werden zwangsläufig auch eintreten.

Daß unsere Erwartungen, unser gesunder Optimismus tatsächlich unsere Erfolgschancen entscheidend verbessern kann, dafür gibt es heute viele Beweise. Eine Untersuchung des Anthropologen Lionel Tiger beweist das sehr deutlich.

„Evolution, die Entwicklung einer Firma, einer ganzen Unternehmensgruppe hängt wesentlich vom Grad des Optimismus ab, der dort herrscht." Warum?

! Wer einen stabilen Optimismus hat, kann sich dem äußeren Wandel leichter und besser anpassen.

! Optimismus hilft, an sich selbst zu glauben. Wer aber an sich selbst glaubt, kann andere besser mitreißen, sie motivieren.

! Optimisten sind selbstsicherer und dadurch besser gerüstet für die Instabilität und Unberechenbarkeit unserer Zeit.

! Optimisten sind gesünder. Ihr Immunsystem arbeitet besser. Sie sind dadurch weniger anfällig, und ihre beruflichen Erfolgschancen steigen.

! Optimisten lachen häufiger. Wer aber mehr lacht, mehr Freude am Leben hat, der erhöht seinen Adrenalin-, Noradrenalin-, und Dopaminspiegel, und das hat eine anregende Wirkung auf den ganzen Organismus. Bei dem Pessimisten steigt der Spiegel des Hormons ACTH, die Folgen sind Streß und Hoffnungslosigkeit."

6. Optimismus und Gesundheit

Gerade wenn es um unsere Gesundheit geht – oder sollten wir nicht besser sagen – „wenn es um unsere vielen, verschiedenen Krankheiten geht", gerade in diesem Bereich wird in unglaublicher und unverantwortlicher Art mit „sich selbst erfüllenden Prophezeiungen" gearbeitet.

! Wie oft lesen wir in den Zeitungen oder hören und sehen in den Nachrichten, daß gerade „Grippe-Zeit" ist, wir also mit einem Schnupfen oder Husten rechnen müssen – oder daß heute „die und die Blütenpollen" in der Luft herumschwirren und es also Zeit für den alljährlichen Heuschnupfen ist . . . daß uns die Krankheit droht, wenn wir das und das machen . . . oder wenn wir an den einen oder anderen Ort gehen . . . daß unser Bio-Rhythmus heute nicht stimmt... wir Vollmond haben... usw! Wir könnten diese Liste beliebig verlängern, und täglich kommen neue Prophezeiungen, neue „Krankmacher" dazu. Das soll aber nicht heißen, daß ich diese gesundheitlichen Probleme verharmlosen will, sicher nicht. Aber wir müssen uns immer wieder bewußt machen, daß unsere Erwartungen, daß diese „sich selbst erfüllenden Prophezeiungen", unser Leben und damit auch unsere Gesundheit umfassend beeinflussen. Ein Beispiel aus der Medizin kann uns das sehr eindrucksvoll beweisen.

*„Mit dem Genesungsverlauf nach einem UNFALL befaßten sich die Kieler Wissenschaftler Frey, Rogner und Havemann. Ergebnis: Wer glaubt, er könne zu einem **positiven Heilungsverlauf** wenig oder gar nichts beitragen, der bleibt länger in der Klinik. Das gleiche gilt für die, die sich nach dem Unfall selbst anklagen oder, statt Geschehenes anzunehmen, an der „Vermeidbarkeit" des Unfalls festhalten.*

Der Einfluß der INNEREN EINSTELLUNG für die Verweildauer in der Klinik ist dabei von noch größerer Bedeutung als die Schwere der Verletzung! Und erst recht gilt das für die Genesungszeit insgesamt, innerhalb und außerhalb der Klinik: Hier spielt die Schwere der Verletzung praktisch gar keine -, die innere Einstellung des Patienten aber jede Rolle! Prof. Dr. Freys berechtigte Forderung an die Krankenhauspraxis: In der Behandlung von Unfallpatienten muß die innere Einstellung, die Psyche des Patienten, berücksichtigt werden."

7. Gesundheit durch Gedankenkraft?

Wer von uns kennt nicht den Satz aus der heiligen Schrift, wo es heißt: *„Steh auf, dein Glaube hat dir geholfen."* Die Kraft und die Macht unserer Gedanken und Vorstellungen grenzt in vielen Bereichen an das Unwahrscheinliche, und fassungslos stehen wir vor Beweisen, die für unseren Verstand wirklich nicht zu erfassen sind. Dann höre ich schon wieder die zweifelnden Stimmen, die sagen: *„Immer dieser Glaube, ... und was in der heiligen Schrift steht, ... beweis mir das erst einmal ..."*

Wir alle kennen die Wirkungen sogenannter „Placebos", Scheinmedikamente, die in vielen Fällen die gleiche Wirkung haben, wie ein „wirklich wirksames" Medikament. Wenn der Kranke diese Pillen einnimmt und von ihrer Wirksamkeit überzeugt ist, dann wirken sie auch. Und das nicht nur bei kleinen, alltäglichen Krankheiten, sondern auch bei schwersten Erkrankungen. Wer von uns kennt nicht die vielen „Zauberformeln" gegen Warzen, die bombensicher wirken, wenn wir das, was uns da angeraten wird, auch tun. Schier unendlich sind die Beweise für die Kraft der Gedanken, der Erwartungen und Vorstellungen, wenn es um Krankheit und Gesundheit geht. Wie weit diese Wirkung aber gehen kann, dazu noch ein Beispiel aus der aktuellen Forschung auf diesem Gebiet.

„Verblüffendes über die Macht des Gehirns, der Gedanken und Vorstellungen brachte ein Versuch des Psychologen David Mc Clelland zutage. Der Wissenschaftler zeigte Studenten einen Film über die Nonne „Mutter Teresa", die Kranke und Sterbende in Kalkutta betreut. Schlagartig verbesserte sich bei den Zuschauern die Immunfunktion – gemessen als steiler Anstieg der Immunglobulin A-Werte. Das bloße Betrachten einer selbstlosen Handlung scheint also schon Auswirkungen auf das Gesundheitssystem zu haben. Das Erstaunliche dabei: Der Immuneffekt trat sogar bei solchen Versuchspersonen auf, die Mutter Teresa und ihre Arbeit ablehnten.

Mc Clelland: Die Ergebnisse deuten darauf hin, daß Mutter Teresa auch bei solchen, die sie bewußt ablehnen, irgend einen Teil im Gehirn erreicht hat. Sie reagierten also trotz der rationalen Ablehnung ihrer Person auf die Kraft der Fürsorge. Dies eröffnet eine völlig neu Gehirn-Dimension."

Wir sehen an diesem Beispiel noch einmal sehr eindrucksvoll, wie weit unser Bewußtsein den ganzen Körper und alle in ihm ablaufenden Vorgänge beeinflussen kann. Für uns kann diese Erkenntnis von großem Nutzen sein, vor allem auch dann, wenn es uns in den nächsten Kapiteln darum geht, möglichst gesund und leistungsfähig zu bleiben, oder wenn wir Krankheiten überwinden und meistern wollen.

8. Krank oder gesund?

Machen Sie sich an dieser Stelle bitte bewußt, wie es heute in den meisten modernen Krankenhäusern aussieht. Welche Stimmung herrscht dort, welche Bilder hängen an den Wänden und vor allem, worüber unterhalten sich die Kranken auf den Gängen und in den Zimmern.

! Macht das alles die Patienten gesund oder vielleicht nur noch kränker? Grenzt es nicht schon fast an ein Wunder, daß doch so viele Menschen gesund aus einem Krankenhaus kommen? Andererseits beweist diese Tatsache, wie gut und wirkungsvoll bestimmte Bereiche der modernen Medizin heute sind.

! Beobachten Sie mit diesem Wissen unser Umfeld in der heutigen Zeit, die Führungsstrategien der Unternehmen, die Medien, die Politik, das Verhalten und die Einstellung zur Umwelt. Basiert dieses falsche Verhalten auf Unwissenheit, ist es Dummheit oder stehen irgendwelche anderen Interessen dahinter? Die SFP sind ja schließlich wissenschaftlich bewiesen, erforscht und bestätigt. Wir werden jetzt noch öfter auf diese Fragen stoßen und wahrscheinlich keine genaue Antwort darauf finden. **Wichtig ist für uns das Wissen und das „Bewußt-werden" der Möglichkeiten, die sich für uns daraus ergeben.**

9. Aufmerksamkeit

„Aufmerksamkeit ist das Mittel zur Beseelung unserer Gedanken." (Oscar Schellbach, 6. Denkgesetz)

Denken Sie hier noch einmal an die Bedeutung und die Kraft unserer Gedanken. Unser Ziel sollte es sein, diese Gedankenkraft im positiven Sinne in den Griff zu bekommen. Das Mittel und der Weg dazu geht über unsere Aufmerksamkeit, über die Fähigkeit unserer Sinnesorgane, etwas wahrzunehmen, über unser Hören, Sehen, Fühlen, Riechen, Schmecken und natürlich auch über unser Denken. Je mehr wir etwas beachten, je mehr Aufmerksamkeit wir darauf lenken, sei es nun positiv oder negativ, zum Beispiel auf unsere Gesundheit oder aber auch auf unsere Krankheit, auf unseren Erfolg oder Mißerfolg, auf unsere Angst oder Hoffnung, um so stärker wird das, was wir beachten, auch in uns zu wirken beginnen.

! Stellen Sie sich in diesem Zusammenhang einmal einen Menschen vor, der einen Sprachfehler hat, einen Menschen, der stottert. Was läuft in diesem Menschen ab, was denkt er, auf was lenkt er seine Aufmerksamkeit, wenn er vor einer größeren Gruppe eine kleine Rede halten soll? Sicher denkt er: *„Nur nicht stottern, nur nicht steckenbleiben, nur nicht versagen, hoffentlich blamiere ich mich jetzt nicht . . .".* Er lenkt also seine Aufmerksamkeit voll auf das, was er nicht will! Und was wird das Ergebnis sein? Mit ziemlicher Sicherheit wird er stottern, steckenbleiben, versagen und sich blamieren! Erzählt aber derselbe Menschen in geselliger Runde, in seinem Sportverein einen Witz, kommen seine Worte sicher über seine Lippen. Kein Stottern, kein Versagen, und das, obwohl viel mehr ihm zuhören als bei seiner kleinen Rede vorhin. **Er hat eben überhaupt nicht an seinen Sprachfehler, sein Stottern gedacht.** Das gleiche Ergebnis erlebt man sehr oft auch dann, wenn ein Stotterer singt. Auch hier kein Anzeichen eines Fehlers.

Oder denken Sie an die alltäglichen Erlebnisse, die wir beim Zahnarzt haben. In dem Augenblick, in dem wir das Wartezimmer betreten, scheinen die Zahnschmerzen wie auf wundersame Weise verschwunden zu sein. Natürlich sind sie nicht weg, aber unsere Aufmerksamkeit ist in die Zukunft gerichtet, auf das, was jetzt kommt, was noch schmerzhafter sein kann. Und schon verschwinden unsere Schmerzen.

! Sie sehen an diesen Beispielen, wie wichtig unsere Aufmerksamkeit ist und daß es sich lohnt, einmal das zu kontrollieren, was wir sonst so „unkontrolliert" in uns, in unser Unterbewußtsein hineinlassen.

! Aber nicht nur das, was wir bewußt wahrnehmen, kann uns im positiven wie auch im negativen Sinn beeinflussen. Viele Dinge, Situationen und Erlebnisse beeinflussen uns, obwohl wir sie gar nicht richtig erkannt haben. Denken Sie hier nur einmal an die abendlichen Werbesendungen, an die vielen

Informationen und Eindrücke, die uns vermittelt werden. Wir hören doch gar nicht richtig zu, sehen doch nicht hin, schalten doch ab und beschäftigen uns in dieser Zeit mit ganz etwas anderem. Trotzdem bleiben diese Informationen in uns haften und beeinflussen uns zum Beispiel beim Einkauf im Supermarkt oder bei unserer Entscheidung für ein bestimmtes Gerät. ! Ohne daß es uns bewußt geworden ist, wurde unsere Aufmerksamkeit auf eine bestimmte Information gelenkt, wir haben sie wahrgenommen und, das ist das Entscheidende, auch danach gehandelt! Wie weit wir Dinge wahrnehmen können, ohne daß es uns bewußt wird, das will ich Ihnen mit einen weiteren Beispiel zeigen.

„ . . . Beste Möglichkeiten, das Unterbewußtsein unter Laborbedingungen zu testen, bietet die Hypnose. Dabei muß zwischen Hypnotiseur und Versuchsperson eine telepathieähnliche Verbindung hergestellt werden. In einer dieser Versuchsanordnungen wurde für die Testpersonen ein Zimmer mit völlig beziehungslosen Gegenständen gefüllt. Dazu kamen Filmprojektionen und Tonsignale.

Jede Person wurde dieser Multimediaschau eine Minute lang ausgesetzt und nach einer Pause von fünf Minuten mündlich und schriftlich dazu befragt. Es gab enorme Unterschiede, und in allen Fällen waren die Auskünfte lückenhaft und widersprüchlich. Dann wurden die Personen hypnotisiert und in diesem Zustand noch einmal gebeten, den Versuchsraum zu beschreiben. Zur Überraschung der Wissenschaftler waren die Widersprüche plötzlich wie ausgelöscht. Und bis auf eine Testperson konnten sich in Hypnose alle an beinahe jede Einzelheit erinnern.

Bei dem eben beschriebenen Versuch schoß ein Student den Vogel ab: Er erinnerte sich in Hypnose auch an eine Zeitung, die vier Meter von seinem Standort an der Wand hing. Er hatte nicht nur die Schlagzeile gelesen, er konnte sogar aus dem Leitartikel ganze Passagen wiederholen. In „wachem" Zustand konnten weder die Testpersonen noch die Wissenschaftler die kleingedruckte Kolumne aus der Entfernung entziffern. Es schien so, als habe das Unterbewußtsein des Studenten den Text wie mit einer geistigen Gummilinse herangeholt."

10. Beobachten Sie sich selbst!

Sie sehen an diesen Beispielen wieder, wie leistungsfähig unser „innerer Apparat" ist, und wie sehr wir uns auf ihn verlassen können. Ohne diese automatisch ablaufende „innere Aufmerksamkeit" könnten wir viele Dinge in unserem Leben überhaupt nicht tun. Denken Sie nur an die tägliche Fahrt im Auto, bei der diese „innere Aufmerksamkeit" oft lebensnotwendig ist. Ja wahrscheinlich wäre ohne sie unser Leben in der Form, wie wir es kennen, nicht möglich. Auf der anderen Seite werden wir sehr oft gelenkt und gesteuert, ohne daß wir es überhaupt wissen. So lange das zum Positiven, zum Optimismus führt, ist nichts dagegen zu sagen. Aber wehe, wenn es in die andere Richtung führt! Kontrolle ist da besser als blindes Vertrauen!

☺ Prüfen Sie in den nächsten Tagen einmal sehr genau, worauf Sie Ihre Aufmerksamkeit lenken, was Sie erwarten und was Sie beachten. Tun Sie das vor allem immer dann, wenn sie in eine Situation kommen, die oft schon negativ ausgegangen ist, bei der Sie schon öfter Mißerfolge hinnehmen mußten? Eine planmäßig durchgeführte Kontrolle kann uns helfen, die Widerstände, Hemmungen und Hindernisse abzubauen, die uns an jedem Erfolg hindern.

☺ Wir dürfen eine Zeitlang wirklich nur auf solche Dinge unsere Aufmerksamkeit lenken, die für unser Ziel, für unseren Optimismus notwendig sind. Allen negativen Gedanken, allen Zweifeln, allen Wenns und Abers, allen „ich kann das doch nicht", oder „das schaffe ich nicht" . . ..usw. müssen wir immer mehr die Aufmerksamkeit entziehen. Im Laufe der Zeit werden dann diese negativen, pessimistischen Gedanken immer seltener in unserem Bewußtsein auftreten, bis sie schließlich ganz verschwinden und durch positive, optimistische ersetzt werden.

☺ Beobachten Sie Ihr tägliches Leben. Beobachten Sie sich selbst im Umgang mit Ihrem Partner, mit Ihrer Familie, mit Ihren Kindern, mit Ihren Mitarbeitern und Kunden. Welche Prophezeiungen, welche Erwartungen legen Sie in den anderen hinein?

☺ Prophezeien Sie sich in Zukunft nicht negative, sondern positive Dinge! Schalten Sie in allen Bereichen Ihres täglichen Lebens um. Überprüfen Sie Ihre Gedanken! Wann immer sich eine negative Prophezeiung einschleicht, gehört dazu auch eine negative Erwartungshaltung gegenüber anderen Menschen. Setzen Sie Ihre positive Einstellung dagegen, auch dann, wenn es nicht gleich auf Anhieb klappt! Ihre Erfolgschancen werden sich durch Ihre positive Prophezeiung erheblich verbessern.

11. Erfolgreich durch Gedanken

„Eine Sache entwickelt sich von selbst, wenn man dauernd an sie denkt." (Henry Ford)

Sicher können Sie sich noch an die vergangenen Olympiaden in Calgery und in Seoul erinnern und an die Bilder der Bobfahrer, der Rodler oder der Slalomspezialisten, wie sie kurz vor ihrem Start wie in Trance noch einmal die Strecke gedanklich durchfahren haben, oder denken Sie an die Fechter, Reiter und Schützen, wie sie voller Konzentration sich auf ihren Start vorbereiteten. Das Ziel dieser Übungen ist immer eine Stärkung der inneren Sicherheit und des Selbstvertrauens und die Aktivierung der inneren, unbewußt ablaufenden Kräfte, ohne die ein Erfolg gar nicht möglich wäre. Erinnern Sie sich aber auch an die vielen Sätze und Sprüche wie: *„Der war mental nicht richtig drauf",* oder, *„der muß mental wieder mehr tun......"* ????

Wovon hier die Rede ist, das ist das „mentale Training", das „geistige Training", das heute zu jeder Spitzenleistung, nicht nur im Sport, gehört.

Björn Borg hat zu der Bedeutung der Gedanken in seinem Trainingsprogramm, das er „Mentales Tennistraining" genannt hat, folgendes gesagt: *„Wenn Du mit Gedanken des Verlierens in das Tournier gehst, dann hast Du schon zu Beginn verloren, dein Körper wird deinen Gedanken folgen. Eigentlich könntest du schon jetzt den Schläger wieder einpacken und nach Hause gehen. Dein Körper wird deinen Gedanken folgen, und du wirst das Match verlieren."*

Jack Niclaus, der wohl erfolgreichste Golfspieler aller Zeiten, beschreibt den Ablauf des „mentalen Trainings" in seinem Buch „Golf my way" so: *„Zuerst sehe ich den Ball dort, wo ich ihn hinbefördern möchte. Da liegt er, niedlich und weiß, hoch oben im leuchtend grünen Gras. Dann wechselt in meiner Vorstellung die Szene schnell und ich sehe, wie der Ball dorthin fliegt. Ich sehe seine Bahn, seine Kurve, seine Form und sogar sein Verhalten beim Landen. Dann wird abgeblendet, und die nächste Szene zeigt mir, wie ich ausholen muß, um die vorhergehenden Bilder in die Wirklichkeit umzusetzen."*

Jack Niclaus behauptet, daß er seine Erfolge beim Golfspiel einzig und allein seinen Konzentrations- und Vorstellungs-übungen zu verdanken habe. In seinem Buch schreibt er weiter, daß für ihn die Landung besonderer Treffer zu fünfzig Prozent aus dem geistigen Bild und zu vierzig Prozent aus der Vorbereitung besteht. Der eigentliche Schlag mache für ihn nur zehn Prozent seines Golfspiels aus. Zu dem Thema „Angst vor der Niederlage" schreibt er: *„Wer mit der Angst zu verlieren in einen Wettkampf geht, nimmt die Niederlage im Geiste bereits vorweg. Je mehr sich der Wille dagegen stemmt, um so schlimmer wird nur alles."*

Sie sehen auch hier wieder die Übereinstimmung mit dem, was Björn Borg über die Bedeutung der Gedanken sagt. **Unsere Erwartungen werden sich zwangsläufig erfüllen, dann, wenn etwas Wahrheit in ihnen steckt.**

Lee Evans, der Olympiasieger im 400m Lauf und Weltrekord-inhaber, korrigierte durch solche Vorstellungsübungen Fehler im seinem Laufstil. Während er für die Olympiade von 1968 trainierte, visualisierte (in Gedanken sehen) er jeden Schritt der 400m-Rennstrecke so lange, bis er „jeden einzelnen Schritt, den er machen würde", vor sich sah. Da er diese Übung immer und immer wieder durchführte, sagte er, verbesserte er seinen Stil und sein Tempo.

Aber nicht nur in unserer Zeit trainieren Spitzensportler „mental". In den 30er Jahren forderte der damals unbekannte Schachspieler Aljechin den unbestrittenen Schachweltmeister Capablanca heraus. Niemand in der Schach-Welt gab Aljechin eine Chance in dem Kampf. Aljechin trainierte mehrere

Wochen vor dem Kampf imaginativ. Er stellte sich immer wieder vor, wie er Capablanca gegenüber sitze und malte sich in Gedanken alle Züge aus. Er stellte sich alle möglichen Abläufe und seine eigene körperliche und geistige Verfassung dabei immer wieder vor, so lange, bis er gefühlsmäßig von der Vorstellung durchdrungen war, den Kampf zu gewinnen. Er ging dann mit größter innerer Ruhe und mit Selbstvertrauen in das Turnier und wurde Weltmeister.

Dr. Hannes Lindemann, der in den fünfziger Jahren mit seiner spektakulären Fahrt im Faltboot über den Ozean großes Aufsehen erregte, arbeitete mit der gleichen Technik. Immer wieder stellte er sich alle möglichen Situationen vor und fragte sein Unterbewußtsein, ob die Fahrt gelingt. Er machte das solange, bis er aus seinem Innern die klare Antwort „Ja" bekam. Zusätzlich stärkte Dr. Lindemann durch Vorstellungsübungen und autogenes Training seine körperliche und geistige Leistungsfähigkeit. Und der Erfolg sprach für ihn. Nach 72 Tagen in einem 6 Meter langen Faltboot kam er wohlbehalten auf der anderen Seite des Ozeans an.

! Es gibt unendlich viele Beispiele, und immer wieder ist der Gedanke, die Vorstellung, die Überzeugung, der Glaube für unseren Erfolg oder für unseren Mißerfolg mit ausschlaggebend.

! Und Sie? Überlegen Sie an dieser Stelle einmal, was Sie visualisieren, was Sie vor Ihrem inneren Auge sehen, wenn sie in eine Situation kommen, die oft schon negativ ausgegangen ist, bei der Sie schon öfter Mißerfolge hatten.

12. Was denken Sie, wenn?

„Wir bewegen uns auf das Ziel hin, mit dem wir uns gedanklich am meisten beschäftigen."

Es ist leider immer wieder so, daß wir bei den Dingen, die schief gingen, bei denen wir schon schlechte Erfahrungen gesammelt haben, immer wieder an diese schlechten Erfahrungen denken müssen, wenn diese Situation wiederkehrt. Genau hier müssen wir ansetzen und in Zukunft an uns arbeiten! Wir müssen uns ganz bewußt auf den Zustand konzentrieren, wie er in der Zukunft sein soll und nicht, wie er immer wieder ist oder immer wieder war.

Denken Sie bitte noch einmal an das Beispiel von Jack Niclaus zurück. Wie hat er sein „Erfolgstraining" durchgeführt, worauf lag der entscheidende Schwerpunkt seines Trainings?

"Zuerst sehe ich den Ball dort, wo ich ihn hinbefördern möchte."
In diesem einen Satz liegt der Schlüssel zum Erfolg dieser Trainingsmethode! Er sieht das Endergebnis zuerst! Er sieht das, was er erreichen will, das realistische Ergebnis ganz deutlich vor sich. Er beschäftigt sich mit der Situation, wie sie sein soll! Er vergeudet seine Kraft nicht dadurch, daß er sich mit möglichen Mißerfolgen beschäftigt. Ja, wir können sogar sagen, daß er den Mißerfolg gedanklich völlig ausklammert. Dadurch, daß er sich zuerst einmal mit dem „Endergebnis" beschäftigt und von diesem Zustand an zu denken anfängt, was muß ich tun, um das zu erreichen ..., schaltet er negative Gedanken und Zweifel fast völlig aus. Er konzentriert seine inneren Energien auf sein Ziel!

Der Mensch, der Angst vor Freitag, dem 13. hat, der sieht in Gedanken ja auch schon, was ihm an diesem Tag passieren kann. Nur leider sieht er eben nicht das Positive, das Schöne, den Erfolg. Im Grunde führt dieser Mensch auch ein „Mentales Training" durch, nur nicht kontrolliert, nicht zielgerichtet und meist mit negativen, pessimistischen Auswirkungen auf sein Leben.

! Vergleichen Sie bitte einmal diese Aussagen mit dem, was Sie bisher gehört haben, mit den vielen Beispielen über die Kraft unseres Bewußtseins und unserer Gedanken und mit den „sich selbst erfüllenden Prophezeiungen". Und jetzt erinnern Sie sich einmal an die Dinge, die Ihnen immer wieder Schwierigkeiten bereiten. Rufen Sie sich Ereignisse ins Gedächtnis, die Mißerfolge nach sich zogen. Denken Sie an die vielen Situationen, die schiefgegangen sind. Vergessen Sie auch solche Dinge nicht wie die jährlich auftretende Grippe oder den Heuschnupfen.

! Damit Sie diesen wichtigen Bereich noch etwas klarer erkennen, möchte ich Sie bitten, folgenden kleinen Versuch zu machen. Beantworten Sie dazu nur die zwei Fragen, überlegen Sie nicht lange, aber bitte, sind Sie ehrlich zu sich selbst!

Was will ich?

1. _____
2. _____
3. _____
4. _____
5. _____
6. _____
7. _____
8. _____
9. _____
10. _____

Und jetzt die zweite Frage: **Was will ich nicht!**

1. _____
2. _____
3. _____
4. _____
5. _____
6. _____
7. _____
8. _____
9. _____
10. _____

! Sie sehen, worauf ich bei dieser kleinen Übung hinaus will. **Die meisten Menschen, vielleicht auch Sie, wissen sehr genau, was sie nicht wollen, aber meist nicht, was sie wollen!** Wir beschäftigen uns viel zu sehr mit dem, was wir fürchten, wovor wir Angst haben als mit dem, was schön, lebenswert und optimistisch ist.

☺ Schalten wir also um, beschäftigen wir uns ab sofort mit optimistischen, positiven und lebensbejahenden Situationen und stellen wir die Kraft, die wir dadurch in uns aufbauen, unseren Zielen und dem Optimismus zur Verfügung.

13. Der Carpenter-Effekt

Im Hochleistungssport kennt man den sogenannten Carpenter-Effekt. Dieser Carpenter-Effekt besagt nichts anderes, als daß ein systematisch durchgeführtes Vorstellungstraining, also das geistige Durchspielen, Durchdenken eines bestimmten Bewegungsablaufes oder auch eines ganzen Wettkampfes die gleichen körperlichen und geistigen Prozesse aktiviert, wie bei der tatsächlichen Trainingsausführung. Im Hochleistungssport wird diese Erkenntnis bei Verletzungen und zum Automatisieren von schwierigen Bewegungsabläufen eingesetzt.

Stellen Sie sich vor, ein Speerwerfer bricht sich aus irgend einem Grund den Arm. Der normale Ablauf ist dann das Ruhigstellen des Armes, der Gipsverband. In den nächsten Wochen schrumpfen dann natürlich die Muskeln, und wie der Arm dann aussieht, wenn der Gips eines Tages abgenommen wird, das können wir uns alle vorstellen. Durch die ständige Vorstellung einer Bewegung verhindert der Athlet das übermäßige Schrumpfen seiner Muskeln, die Verletzung heilt schneller und er ist nach kurzer Zeit wieder in der Lage, sein normales Training aufzunehmen.

„Die Trainingswirkung wird dabei vorrangig darauf zurückgeführt, daß während der Bewegungsvorstellung die gleichen nervalen und muskulären Prozesse aktiviert werden, wie bei der Bewegungsdurchführung selbst, und daß es dadurch zu einer

Stabilisierung des neuromuskulären Funktionssystems kommt."
(Schellenberger/Günz 1980, 675).

! Stellen Sie sich nur einmal die Möglichkeiten vor, die sich durch diese Erkenntisse für uns ergeben! In unserem Beruf können wir durch ein gezieltes Vorstellungstraining die Erfolgsleiter weiter nach oben steigen, in unseren Hobbysportarten unsere Leistungsfähigkeit, aber auch technische Fähigkeiten steigern und verbessern, genauso wie unsere allgemeine Verfassung verbessern und Belastungen, Sorgen und Probleme abbauen.

! Für den kranken und leidenden Menschen kann diese Erkenntnis eine wichtige, ja eine lebensbedeutende Erkenntnis sein, denn es bedeutet in seiner Konsequenz ja nichts anderes, als daß jeder bei seiner Gesundung entscheidend mithelfen kann.

14. Gesundheit und Gedankenkraft

Es ist wirklich so, der Satz *„Steh auf, dein Glaube hat dir geholfen"* hat nicht nur für den gläubigen Christen eine ungeheure Bedeutung. Auch der „Verstandesmensch" kann diese Kräfte für sein körperliches, geistiges und seelisches Wohl einsetzen, wenn er sich dieser Kräfte bewußt wird und sie auch einsetzt.

Zum Beispiel bietet der amerikanische Arzt Carl Simonton seinen Krebspatienten zu der allgemeinen Therapie praktische Übungen an, durch die sie lernen, ihre Krankheit durch Aktivierung ihrer inneren Kräfte positiv zu beeinflussen.

Carl Simonton, der viele Jahre als Arzt in der Strahlentherapie gearbeitet hatte und die große Hilflosigkeit der Medizin gegen viele Formen des Krebses aus eigener Anschauung kannte, und Stephanie Simonton, die als Psychologin mit den seelischen Hintergründen vieler Krankheiten vertraut war, gingen von einer sehr einfachen Theorie aus: „Wenn die Seele eines Menschen dazu beitragen kann, daß der Körper krank wird, warum sollte sie dann nicht auch an der Heilung beteiligt werden können?" Auf der Basis dieser Theorie erarbeiteten die Simontons ein Therapie-Programm, dessen Herzstück Visualisierungsübungen (Vorstellungsübungen) sind. Diese Übungen beginnen damit, daß sich der Erkrankte zunächst einmal auf sein Inneres konzentriert und sich, soweit es ihm möglich ist, entspannt. Als nächsten Schritt stellen sie sich ihre Krebsgeschwulst plastisch vor als das, was sie ist: ein Verbund von schwachen, ungeordneten Zellen. Dieser Verbund wird nun, in der Vorstellung der Kranken, von den weißen Blutkörperchen angegriffen und vernichtet. Die weißen Blutkörperchen treten in der Fantasie der Kranken zum Beispiel in der Gestalt von Rittern in schimmernden Rüstungen auf. Diese Visualisierung wird von dem Patienten mehrmals am Tag innerlich durchgespielt, um so die Selbstheilungskräfte des Körpers zu mobilisieren. Chemo- und Strahlentherapie sehen die Simontons nicht als unvereinbar mit dieser Psychotherapie an. Sie sollen sich vielmehr gegenseitig ergänzen.

Die Erfolge dieser Behandlungsweise haben den Simontons recht gegeben. In einer Statistik berichten sie, daß bei fast 70 Prozent der von ihnen behandelten Patienten entweder alle Krankheitsanzeichen verschwanden (22,2 Prozent), Tumore sich zurückbildeten (19,1 Prozent) oder sich der Zustand stabilisierte und nicht weiter verschlechterte (27,1 Prozent). Außerdem fühlten sich viele der Patienten auch seelisch besser, weil sie nicht nur passiv Behandlung annehmen mußten, sondern aktiv selbst etwas für sich tun konnten. Das erwies sich als gutes Mittel gegen Angst und Depressionen.

Auf welche Weise Visualisierungen ihre Wirkung entfalten, ist noch weitgehend ungeklärt. Man weiß aber, daß sowohl tatsächliche Wahrnehmungen als auch Visualisierungen von den gleichen Hirnstrukturen verarbeitet und in körperliche Reaktionen übersetzt werden. Ob wir nun tatsächlich auf einer Wiese liegen und uns entspannen oder uns dies nur vorstellen, scheint bei guter Vorstellungskraft und mit einiger Übung ähnliche körperliche Auswirkungen zu haben. Außerdem hat man herausgefunden, daß Visualisierungen auf den Organismus eine ähnliche Wirkung haben können wie körperliche Aktivität (siehe auch den „Carpenter-Effekt").

Visualisierungen werden aber nicht nur angewendet, um

direkten Einfluß auf Krankheitsprozesse zu nehmen. Sie können auch helfen, die unbewußten Einstellungen eines Menschen zu seinem Leben, seinem Körper und den Reaktionen bestimmter Körperteile oder Organe besser zu verstehen.

! Das sind keine Märchen, sondern wissenschaftlich bestätigte Erkenntnisse, und ich könnte noch viele Beispiele hinzufügen. Denken Sie auch hier noch einmal an die verschiedenen Beispiele, über die wir schon vorher gesprochen hatten. Die Kraft unserer Gedanken und Vorstellungen existiert und ist nicht wegzuleugnen. Und gerade deshalb ist es immer wieder erschütternd, wenn wir sehen, wie wenige doch mit diesen Kräften systematisch arbeiten.

! Machen Sie sich an dieser Stelle noch einmal bewußt, wie es heute bei uns in einem modernen Krankenhaus aussieht, welche Bilder an den Wänden hängen, und vor allem, über was sich die Kranken auf den Gängen und in den Zimmern unterhalten! Macht das alles gesund oder nur noch kränker? Wen wundert es da noch, wenn wir in unserem Gesundheitswesen, eigentlich müßten wir dazu ja „Krankheitswesen" sagen, eine Kostenexplosion haben.

! Über was reden Sie, wenn Sie krank sind, über was denken Sie nach, wenn es Ihnen schlecht geht oder Ihre Umgebung erkältet ist? Auf was richten Sie Ihre Aufmerksamkeit, wenn wieder von Pollenflug, Tiefdruckgebieten, Föhn oder Grippezeit die Rede ist?

Wahrnehmen und Vorstellen! Diese beiden Worte zeigen uns den Weg zu einer Technik, die uns in jeder Situation, ja sogar in fast ausweglosen Situationen, eine großartige Hilfe sein kann. Durch unsere Kenntnis von der Leistungsfähigkeit unseres Bewußtseins und durch unser Wissen, „wie" wir diese Kräfte einsetzen können, erreichen wir wirklich, daß **„Pessimismus heilbar wird"**.

IV. Der Schlüssel des Optimisten

*„Man muß von dem Grundsatz ausgehen,
daß Wissen und Glauben nicht dazu da sind,
einander aufzuheben, sondern einander zu ergänzen."*

JOHANN WOLFGANG VON GOETHE

1. Die Freiheit der Entscheidung

Für ein erfolgreiches und vor allem harmonisches Leben ist die Einstellung zu den täglichen Ereignissen des Lebens eine der wichtigsten Voraussetzungen. Nichts geht ohne eine positive Einstellung zum Mitmenschen, zur Umwelt und zur eigenen Persönlichkeit. Der Mensch heute, der Mensch in unserem technischen Zeitalter, hat seine äußerlichen Grenzen weit in das Weltall ausgedehnt. Aber ist er dadurch wirklich freier geworden?

Das, was den Menschen zum Menschen macht, seine seelische und geistige Energie, seine Kraft und seine innere Freiheit, diese Kräfte und Fähigkeiten werden immer mehr eingeengt! Der Glaube, daß der Mensch mit wachsender Befreiung von materiellen Sorgen endlich frei sein wird, hat kaum noch Gültigkeit. Zukunftsforscher sagen uns voraus, daß die Bedeutung jener Dinge, die man nicht mit Geld kaufen kann, in den nächsten Jahren immer mehr zunehmen wird. Dazu gehört vor allem das Bemühen, die Persönlichkeit zu entfalten, die zwischenmenschlichen Beziehungen zu verbessern und im Umgang mit unserer Umwelt feinfühliger zu werden.

Was den Menschen von der Kreatur unterscheidet, das ist die Freiheit, die er hat, so zu denken, zu fühlen und zu handeln, wie er es für sinnvoll und zweckmäßig hält. Aber er kann diese Freiheit nur dann wirklich sinnvoll nutzen, wenn er zwischen dem Positiven und dem Negativen unterscheiden kann. Es gibt vielerlei Faktoren, die uns an der freien Entfaltung der Persönlichkeit und damit an der harmonischen Gestaltung unseres Lebens hindern. Oft ist es so, daß in uns, in unserem

Unterbewußtsein, ein Programm abläuft, das unsere Leistungsfähigkeit behindert. So kann ein einmaliger Mißerfolg zu einer Belastung für das ganze Leben werden, wenn es uns nicht gelingt, uns von dem Gegenteil zu überzeugen.

2. Die Schaltzentrale in uns

Alle Organe des Körpers sind Kunstwerke der Natur und bestehen aus Milliarden Zellen – und unser wichtigstes Organ ist das Gehirn, das alle bewußten und unbewußten Handlungen steuert. Es arbeitet zur Hauptsache automatisch und ist der Steuerungsmechanismus des ganzen Menschen.

Stellen Sie sich bitte einmal vor, Sie würden eine neue Stereoanlage, eine neue Küchenmaschine, eine neue Waschmaschine oder einen Computer kaufen. Was ist das erste, was Sie tun, wenn das Gerät bei Ihnen zu Hause steht? Sie werden ausführlich die Betriebsanleitung studieren, damit Sie nichts falsch machen, nichts falsch bedienen. Denn schließlich hat das Ding ja eine Menge Geld gekostet.

! Überlegen Sie einmal, wie umfangreich schon die Betriebsanleitung für einen kleinen Computer, ja, für eine kleine Digital-Uhr ist. Denken Sie nur daran, wie viele Menschen Schwierigkeiten haben, wenn der Wechsel der Sommerzeit zur Winterzeit ist, wieviele Uhren da die nächste Zeit falsch gehen. Und was ist mit unserer Denkmaschine, unserem Bewußtsein, mit der leistungsfähigsten und kompliziertesten Anlage, die es in unserem ganzen Universum gibt? Wo bleibt da die Betriebsanleitung, wann beschäftigen wir uns da mit der Gebrauchsanweisung? Können Sie sich vorstellen, wie umfangreich die Betriebsanleitung für dieses geniale Schöpfungsprodukt sein kann? Dazu reicht unser Verstand nicht aus. Aber trotzdem gibt es einige wichtige Grundregeln, die uns das Verstehen der Abläufe in unserem Gehirn sehr erleichtern können. Mit einigen dieser Erkenntnisse wollen wir uns jetzt beschäftigen. Bei dieser Anleitung haben wir auch gleich wieder einen guten Vergleich zwischen der Art, wie wir als Optimist handeln und was ein Pessimist an dieser Stelle tut.

3. Gefühle entscheiden

☺ Der Optimist ist von dem Erfolg bei einer Sache fest überzeugt. Er denkt, wenn er eine schwierige Aufgabe meistern muß, nicht an irgendwelche Mißerfolge, die er einmal gehabt hat, sondern ganz bewußt daran, daß er das Problem jetzt ganz bestimmt lösen wird. Er ist sich dessen bewußt, daß er alle Voraussetzungen für das gute Gelingen mitbringt.

! Denken Sie daran, was Sie erreichen möchten und vor allem, warum Sie diese Aufgabe, das Problem meistern wollen. Begeistern Sie sich für eine Sache, ein Ziel, und Ihr Gefühl wird Ihnen helfen, dieses Ziel auch zu realisieren. Fast ungeahnte, in jedem Menschen ruhende Kräfte werden durch das richtige Gefühl, die richtige Einstellung freigesetzt.

Herrscht in uns erst einmal ein ganz bestimmtes Gefühl vor, dann müssen wir zwangsläufig im Sinne dieses Gefühls handeln. Unser Wille hat in den wenigsten Fällen eine echte Chance gegen ein Gefühl. Durch die Kraft unserer Gedanken, unserer Vorstellungen und Überzeugungen, aber auch durch den Glauben können wir das Gefühl beeinflussen.

! Beachten Sie bitte in diesem Zusammenhang einmal alles, was in uns, was in den Menschen, was bei der Masse Gedanken, Vorstellungen oder Überzeugungen hervorrufen kann. Denken Sie z.B. an die Werbung oder an die politische Beeinflussung. Immer steht am Anfang ein ganz bestimmter Gedanke, der, wenn er immer weiter gesponnen wird, ein Gefühl erzeugt, das dann letztlich den Menschen zum Handeln veranlaßt.

Wenn wir in uns positive, aufbauende Gedanken erzeugen, Gedanken des Erfolges, der Gesundheit, des Selbstvertrauens, müssen wir zwangsläufig im Sinn dieser Gedanken handeln oder reagieren. Derselbe Effekt tritt natürlich auch bei negativen Gedanken, bei Angst, Furcht, Mißtrauen oder Hoffnungslosigkeit ein.

! Der Pessimist denkt ständig an Mißerfolg und Versagen. Er wird negativ und depressiv, sieht keinen Sinn mehr im Leben. Er wird antriebslos und fühlt sich auch körperlich sehr schlecht. Bei allem, was er anfängt, hat er ein negatives, ein schlechtes Gefühl. Er geht bereits beklommen zur Arbeit, die ihm zudem noch sehr schwer fällt. Etwas für seinen beruflichen Aufstieg zu tun oder auch für die Harmonie im Umgang mit anderen Menschen, kommt ihm nicht in den Sinn. Er lebt einfach so dahin, ohne Ziele und Werte in seinem Leben zu haben. Seine Angst, seine Minderwertigkeitsgefühle, seine Probleme im Umgang mit anderen Menschen werden immer stärker. **Dieser Mensch kann, wenn er so weitermacht, in seinem Leben nichts mehr erreichen.**

Vergleichen Sie diese Gedanken bitte noch einmal mit den Beispielen in Kapitel 1, Seite 13, 14, und Kapitel 3, Seite 48, 49, 55, 60.

4. Aufmerksamkeit erzeugt Gedanken

☺ Der Optimist richtet seine Aufmerksamkeit, seine Gedanken auch auf die schönen Dinge der Welt. Er wird mit Freude essen, den Tisch schön decken und in Harmonie mit seiner Familie die Mahlzeiten einnehmen. Er wird auf die Vögel achten und auch die Blumen am Straßenrand wahrnehmen. In seinem Alltag wird er auf die schönen und vor allem auch auf die erfolgbringenden Dinge achten. Er ist bereit, sich weiterzubilden, um das bestmögliche für einen beruflichen Erfolg zu tun. Er wird sich entsprechend kleiden und aus jeder Situation das bestmögliche machen. All sein Denken, Fühlen und Handeln ist auf Erfolg und Harmonie gerichtet.

! Denken Sie noch einmal an die Bedeutung und die Kraft unserer Gedanken. Unser Ziel sollte es nun sein, diese Gedankenkraft immer weiter zu stärken und sie im positiven Sinne für unsere Ziele einzusetzen. Der Weg geht über unsere Aufmerksamkeit, über die Fähigkeit unserer Sinnesorgane etwas wahrzunehmen, über unser Hören, Sehen, Fühlen, Riechen, Schmecken ... Je mehr wir die Aufmerksamkeit auf etwas lenken, um so stärker werden die Gedanken beeinflußt. Das gilt für uns selbst, genauso aber auch für den Umgang mit anderen Menschen.

Die Wirkung dieser Erkenntnis ist sicherlich jedem von uns schon aufgefallen. Da interessiert man sich für ein neues Auto, eine ganz bestimmte Marke in einer ganz bestimmten Farbe. Vorher sind uns Autos dieser Marke kaum aufgefallen und ganz plötzlich fahren unglaublich viele dieser Autos auf den Straßen. Oder: Nachwuchs hat sich in der Familie angekündigt, plötzlich ist die ganze Welt voll von schwangeren Frauen und kleinen Kindern. Wir lenken unsere Aufmerksamkeit und unsere Gedanken unbewußt in die eine Richtung, auf die wir gerade zur Zeit eingestellt sind.

! Denken wir auch hier wieder an den Pessimisten. Dieser Mensch wird seine gesamte Aufmerksamkeit auf den möglichen Mißerfolg, auf das Schlechte in dieser Welt, auf die mögliche Krankheit und die negativen Meldungen richten, die das ganze Übel ja auch tagtäglich bestätigen.

Er achtet auf alle Symptome, die auf eine negative Situation deuten. Er denkt, handelt und fühlt nur noch in dieser einen Richtung. Er hört nur den Flugzeuglärm und nimmt das Gezwitscher der Vögel nicht mehr wahr. Es schmeckt ihm kein Essen mehr, da er sich nur noch aus Kochtöpfen ernährt. Er riecht nur noch Autoabgase, und es kommt ihm nicht in den Sinn, auch einmal an einer schönen Blume zu riechen. Sagt ihm jemand einmal ein liebes Wort, fühlt er sich gleich auf den Schlips getreten und sucht die Hintergedanken dabei. Sein negatives Denken, seine negative Einstellung wird also für ihn ständig und immer wieder bestätigt.

Vergleichen Sie bitte diese Gedanken mit den Beispielen in Kapitel 3, Seite 42, 59, 60.

5. Wünsche – Ja! Ängste – Nein!

☺ Der Optimist hat viele Wünsche. Aus diesen Wünschen ergeben sich Ziele, für die er sich begeistert und alles Notwendige tut. Er versteht es aber auch, andere von seinen Zielen und Wünschen zu begeistern. Durch die intensive Beschäftigung mit seinen Wünschen, gibt er seinem Leben Sinn. Er lenkt seine Aufmerksamkeit immer wieder auf den Zustand, wie er in der Zukunft sein soll. Aus jeder Situation versucht er das Beste zu machen. Seine Fähigkeiten und Neigungen nutzt er aus.

! Wenn wir es so verstehen, uns und andere für ein Ziel zu begeistern, wenn wir es uns wirklich von ganzem Herzen wünschen, gelingt es uns ganz sicher. Wenn wir Freude an einer Sache haben, können wir ohne Kraftaufwand beinahe alles erreichen, was wir uns vorgenommen haben. Diese Freude an der Arbeit stellt sich ein, wenn uns das, was wir gerade tun, auch interessiert und wenn wir mit dieser Arbeit ein Ziel verfolgen, das uns wirklich ausfüllt.

! Der Pessimist hat Angst vor allem und jedem. Er achtet auf alles, was ihm schaden könnte, was schlecht ist. Seine Interessen und Neigungen verkümmern, da seine gesamte Aufmerksamkeit auf Negatives gelenkt ist. Wünsche oder Ziele wird er kaum noch haben, da er ja fest davon überzeugt ist, daß er diese ohnehin nicht erreichen kann. Seine gesamte Aufmerksamkeit ist auf den möglichen Mißerfolg gerichtet. Er wird zum „Negativ-Denker" aus Gewohnheit.

Vergleichen Sie diese Gedanken noch einmal mit den Beispielen in Kapitel 3, Seite 48, 49, 53, 59.

6. Ja zum Leben sagen

☺ Der Optimist sagt JA zum Leben und versucht jeder Situation etwas Positives abzugewinnen. Er lernt aus jeder Stunde und versucht, aktiv in seinen „Lebens-Kurs" einzugreifen. Er resigniert nicht und versucht mitzuhelfen, daß sich die Umstände, in denen wir alle leben, weiter verbessern. Dadurch, daß er die verschiedenen Lebenssituationen und Probleme „bejaht", aktiviert er so die vielen Kräfte, die in ihm ruhen. Durch seine Ausstrahlung versteht er es, auch andere Menschen zu begeistern und in ihnen neue Kräfte zu wecken.

! Genau hier liegt das Problem des Pessimisten. Wenn er an eine Sache herangeht, mit Problemen und Belastungen konfrontiert wird, eine neue Aufgabe übertragen bekommt, einen anderen Menschen kennenlernt oder sich seine Umwelt anschaut, überall hat er negative Gefühle und Gedanken. Er bejaht das Leben nicht, er verneint es. Daß sich seine inneren Kräfte nicht entfalten können, das ist selbstverständlich! Er erlebt etwas nicht, etwas, das der Optimist immer wieder erlebt: „Freude am Leben".

Vergleichen Sie diese Gedanken bitte noch einmal mit den Beispielen in Kapitel 1, Seite 13, 14, 17 und Kapitel 3, Seite 59, 60.

7. Negativ und Positiv

Die nachfolgenden Beispiele sollen Ihnen zeigen, wie man negative Situationen, Gedanken und Vorstellungen in positive Behauptungen (Bejahungen) umformulieren kann.

! **Beachten Sie bitte: Das, was Sie überwinden wollen, darf auf keinen Fall in der positiven Formulierung erscheinen!**

IST: „Jedesmal wenn ich vor vielen Menschen reden muß, wird meine Stimme immer leiser und ich weiß dann nicht mehr, was ich sagen wollte . . .".
SOLL: „Meine Stimme ist klar und deutlich und ich weiß ganz genau, was ich sagen werde!"

IST: „Immer wieder zweifle ich an meiner Leistungsfähigkeit, und ich glaube nicht, daß ich meine Ziele erreichen werde . . .".
SOLL: Ich glaube an mich und an meine Leistungsfähigkeit! Ich weiß, ich werde meine Ziele erreichen!"

IST: „Ich fühle mich so schwach und schlecht, obwohl der Arzt meint, ich sei gesund. Trotzdem geht es mir schlecht und ich weiß gar nicht mehr, was das Leben soll".
SOLL: „Ich fühle mich von Tag zu Tag immer besser und besser! Ich glaube fest an mich und werde den Sinn meines Lebens erkennen. Ich freue mich, daß ich lebe!"

IST: „Ich bin immer so nervös, kann mich schlecht konzentrieren und lasse mich von allem ablenken . . .".
SOLL: „Ich bin ganz ruhig und konzentriert. Nichts kann mich von meiner Arbeit ablenken. Ich weiß, ich werde meine Ziele erreichen!"

IST: „Mir fehlen in der letzten Zeit zunehmend gute Ideen und Einfälle . . .".
SOLL: *„Immer bessere Ideen werden mir bewußt, immer intensiver und besser arbeitet mein Unterbewußtsein!"*

IST: „Jedesmal, wenn ich in die . . . Situation komme, dann glaube ich, die Decke fällt mir auf den Kopf, Schweiß bricht aus, ich bekomme Angstgefühle und Atemnot . . .".
SOLL: *„Ich weiß, ich werde jede Situation meistern. Ja, ich kann jede Situation meistern. Ich fühle mich wohl und habe jede Situation im Griff. Ich glaube an mich und an meine innere Kraft!"*

IST: „Jedesmal wenn der Mai (oder?) beginnt, dann fängt meine Nase an zu laufen, meine Augen brennen, ich muß ständig niesen und das Atmen fällt mir schwer . . .".
SOLL: *„In jeder Situation: Meine Nase ist frei, meine Augen sind klar, ich kann frei atmen und fühle mich richtig wohl!"*

8. Möglichkeiten – Wie Sand am Meer

☺ Der Optimist ist zuversichtlich. Er wird sich auch in negativen Situationen immer wieder Mut zusprechen und sich sagen: „Ich werde es schon schaffen." Sicher ist das in vielen Fällen nur eine „Möglichkeit", aber Möglichkeiten gibt es viele. „Ich werde es schaffen" ist eine Möglichkeit; „Hoffentlich geht das nicht wieder schief" ist eine andere Möglichkeit. Der Optimist blockiert sich nicht dadurch, daß er sich immer wieder mit "negativen Möglichkeiten" beschäftigt.
! Möglichkeiten gibt es also unendlich viele, positive und negative. Behaupten wir so eine Möglichkeit immer wieder, dann fangen wir irgendwann an, daran zu glauben. Glauben wir aber etwas, dann ist es für uns auch Wirklichkeit! Das bedeutet im Klartext, daß die Behauptung eine so suggestive Kraft entwickelt, daß sich ihr gegenüber auf die Dauer kein Widerstand halten kann, es sei denn, wir bringen die Kraft auf, der Behauptung ebenso oft zu widersprechen. Denken Sie

bitte in diesem Zusammenhang an die „Vorstellungswelt", in der wir leben. Die Welt, wie sie für uns Wirklichkeit zu sein scheint, existiert nur in unserem Innern. Glauben wir etwas, schaltet unser Inneres um, und wir erleben das, was wir glauben.

! Der Pessimist wiederholt ständig, wie schlecht alles ist, wie krank er ist und daß er ohnehin ein Pechvogel ist. Auch aus den Medien holt er sich nur Informationen, die seine Einstellung bestätigen. Diese einseitigen, negativen Informationen (auch alles oft nur Möglichkeiten) strömen also von allen Seiten auf den Pessimisten ein, noch verstärkt durch eigene negative Gedanken und Vorstellungen. Diese werden sich dann zwangläufig realisieren. Redet sich der Pessimist beispielsweise ein, er sei krank, wird er krank werden. Redet er sich ein, daß er eine bestimmte Aufgabe nicht bewältigen kann, wird er zwangsläufig versagen.

Vergleichen Sie diese Gedanken auch wieder mit unseren Beispielen in Kapitel 3, Seite 50, 55, 60.

9. Befehle an unser Unterbewußtsein

Durch die bewußte Anwendung dieser Denkgrundlagen können Sie Hemmungen abbauen, den Gesundungsprozeß beschleunigen, Ihr Selbstvertrauen stärken und sich selbst und andere positiv motivieren. Mit dem Wissen um die Auswirkungen dieses Gesetzes können Sie aber auch kritischer an die Beeinflussungsmethoden der Medien und der Werbung herangehen. Wie Sie Ihr Unterbewußtsein für Ihre Ziele programmieren können, damit wollen wir uns anschließend beschäftigen.

Der amerikanische Psychotherapeut Thomas Harris gebrauchte folgendes Beispiel für die Arbeitsweise unseres Gehirns:

„Unser Gehirn ist wie ein Tonband, das alle Informationen speichert, die wir im Laufe unserer Entwicklung hören. Aussagen, die sich ständig wiederholen, prägen sich besonders ein. Wenn das Tonband in unserem Kopf immer wieder abläuft, sind wir schließlich selber von dem überzeugt, was es uns sagt."

Erinnern Sie sich in diesem Zusammenhang einmal an die Zeit zurück, als Sie Auto fahren gelernt haben. Ständig haben Sie immer wieder die gleichen Bewegungen durchgeführt – und heute laufen sie automatisch ab. Sie haben den ganzen Ablauf des „Autofahrens" buchstäblich in Ihr Unterbewußtsein einprogrammiert. Genauso haben Sie es mit dem „kleinen Einmaleins" gemacht, mit dem Fahrrad fahren, dem Ski laufen, mit Ihren Fachwissen ...

Der Weg zu diesem „Automatismus" ging damals und geht heute über die ständige Wiederholung. Was wir ständig wiederholen, dringt tief in unser Bewußtsein ein und fängt an, völlig automatisch in uns abzulaufen und uns zu steuern. Denken Sie an die Werbung. Was nützt der beste und wirkungsvollste Werbespot, wenn ihn der Konsument, der potentielle Käufer, nur einmal sieht? – Nichts! Nur durch die ständige Wiederholung tritt die Wirkung ein, und das Ziel der Millionen teuren Aktion, der Kaufreiz, wird bei den Menschen ausgelöst.

Wie weit diese „Programmierung" des Unterbewußtseins gehen kann, das zeigt uns auch ein Beispiel aus der Medizin und der Begriff der Konditionierung:

„Es bestehen enge Beziehungen zwischen Asthma und Psyche. Typisch für das Asthma bronchiale ist die Konditionierung. Bereits 1886 berichtete Mackenzie von einer Dame, die gegen Rosen allergisch war, aber dann auch beim Anblick einer künstlichen Rose mit typischem Heuschnupfen und Asthma reagierte."

(Schettler, Innere Medizin, 19. Krankheiten der Atemwege und der Lunge, 19.3.2. Asthma bronchiale)

10. Konditionierung

Bei diesem Beispiel wird der Begriff der „Konditionierung" erwähnt. Die russischen Physiologen Pawlow und Bechterew beschäftigten sich mit den „bedingten Reflexen" und prägten diesen Begriff. Ihr berühmter Versuch mit Hunden lief folgendermaßen ab: Sie fütterten Hunde und läuteten dabei mit einer Glocke. Diesen Vorgang führten sie immer wieder in dem gleichen Ablauf durch. Nach einiger Zeit brauchten sie dann nur noch mit der Glocke zu läuten, und sofort lief den Hunden das Wasser im Maul zusammen. Sie waren konditioniert! Bei dieser Arbeit bauten sie auf den Erkenntnissen der Assoziationspsychologie auf, die sagt: *Wenn ein Körper eine Bewegung durchführt und parallel dazu ein Reiz auf den Körper einwirkt, dann wird nach einer Anzahl von Wiederholungen dieser Vorgang, dieser begleitend ablaufende Reiz, zum Auslöser für die Bewegung."*

Unser ganzes Leben ist voll von solchen Konditionierungen. Im Prinzip hängt jede Gewohnheit, die wir anerzogen bekommen haben oder uns selbst anerziehen, irgendwie damit zusammen. Bei dem Beispiel vom „Asthma" war genau das der Fall. Schon das „gar nicht" bewußte Wahrnehmen der Rose, die ja nicht einmal eine „echte" Rose war, löste den Asthma-Anfall aus.

! Sie sehen hier wieder ganz deutlich, wie empfindlich, ja störungsanfällig unser „innerer Steuerungsmechanismus" ist, und wie sehr wir auf uns und auf unser Umfeld achten müssen. Viele Dinge, die wir unbewußt wahrnehmen steuern uns, veranlassen uns zu einer automatischen Reaktion. Und das auch hier wieder in optimistischer, aber auch in pessimistischer Hinsicht.

11. Umprogrammierung

Mit den Erkenntnissen der Assoziationspsychologie und der Konditionierung haben wir aber auch den Weg, wie wir unser Unterbewußtsein umprogrammieren können.

☺ Schreiben Sie Ihren „Vorsatz", den „SOLL-Zustand", auf eine kleine Karte, stecken Sie diese Karte in Ihre Tasche, und jedes Mal, wenn Sie in die Tasche fassen, denken Sie bewußt an Ihren „Vorsatz".

Neigen Sie beispielsweise dazu, sich beim Autofahren zu ärgern, steht auf Ihrer Vorsatz-Karte, die Sie sichtbar in Ihrem Wagen anbringen können: „Ärgern ist Unfug".

Jedes Mal, wenn Sie nun in eine ärgerliche Situation kommen und Ihr Blick auf die Karte fällt, wird Ihnen bewußt, daß „ärgern" Ihnen ohnehin nicht hilft, schneller voranzukommen oder den „Idioten", der Sie geschnitten hat, zu belehren. Kurz, Ihnen wird bewußt, „Ärgern ist Unfug" und kostet nur unnötige Nervenkraft.

Bald werden Sie dieses kleine Schildchen im Auto nicht mehr brauchen, obwohl meine Frau und ich es immer noch fest in unseren Wagen haben. Es ist zudem auch ganz lustig, denn jeder, der mitfährt, fragt nach der Bedeutung dieses Schildes und sieht dann als Beweis die praktische Auswirkung auf die Fahrweise. Viele unserer „Beifahrer" sind dann so überzeugt, daß auch Sie diese einfache Methode künftig anwenden.

Natürlich funktioniert dieser Karten-Vorsatz nicht nur beim Auto fahren, genauso auch bei zu geringem Selbstvertrauen „Ich kann, was ich will", bei der Unterstützung von Heilungsprozessen "Es geht mir von Tag zu Tag und in jeder Hinsicht immer besser und besser", bei Konzentrationsmangel „Ich kann mich immer besser konzentrieren, denn ich weiß, was ich will", und so weiter. Bei Morgenmuffeln wirkt der Satz „Ich strahle Freude aus", der groß auf dem Badezimmer-Spiegel steht, fast wie ein Wunder.

Bei Vorsätzen, die keinen anderen etwas angehen, können Sie die Karte natürlich auch in Ihre Jackentaschen, in Ihre Brieftasche oder in Ihre Schreibtischschublade legen. Sie sollten nur eine Stelle wählen, an die Sie möglichst oft kommen, denn dieser Vorsatz muß so oft es geht wiederholt werden.

☺ Sagen Sie sich jedes Mal, wenn Sie sich in einem Spiegel sehen, Ihren Vorsatz ganz bewußt vor.

☺ Kleben Sie sich auf Ihre Bürotür, auf die Autotür, auf Ihren Schreibtisch oder dahin, wo Sie immer wieder sind, einen kleinen farbigen Punkt. Jedesmal, wenn Sie diesen Punkt wahrnehmen, bewußt oder unbewußt, läuft der Vorsatz in Ihnen ab.

☺ Nehmen Sie Ihre Uhr und sagen Sie sich: „Jedesmal, wenn ich auf meine Uhr schaue, sie spüre oder sie fühle, dann fällt mir mein Vorsatz ein."

☺ Besorgen Sie sich eine „Endlos-Cassette", eine Cassette, die ohne Unterbrechung Stunden laufen kann. Sprechen Sie Ihren Vorsatz auf diese Cassette und lassen Sie dann diese Cassette ständig im Hintergrund laufen. Sie brauchen nicht zuzuhören, Ihr Unterbewußtsein nimmt trotzdem diese Informationen auf. (Endlos-Cassetten gibt es ab einer Spieldauer von 45 Sekunden.)

☺ Erfinden Sie eigene Techniken, die Sie immer wieder an Ihren Vorsatz erinnern.

„Fortdauernde Behauptung einer Möglichkeit wird zum Glauben und aktiviert dadurch die Kräfte zur Verwirklichung der Behauptung." (Oscar Schellbach)

V. Der Weg ist das Ziel

„Viele Menschen verfolgen hartnäckig den Weg,
den Sie gewählt haben, aber nur wenige das Ziel."

FRIEDRICH NIETZSCHE

1. Was soll das tägliche Einerlei?

Die Frage nach dem Sinn unseres Lebens und damit natürlich auch nach dem Sinn unserer täglichen Arbeit stellt sich uns immer wieder. Wenn wir keine Absicht mit einer Handlung verfolgen, werden wir nichts tun.

Stellen Sie sich einmal Ihren Tagesablauf vor. Sie stehen morgens auf, um zur Arbeit zu gehen. Sie putzen Ihre Zähne, damit Sie keinen Karies bekommen, Sie frühstücken, weil Ihr Körper Nahrung braucht, Sie arbeiten für Ihr materielles Auskommen etc. Diese Aufzählung kann beliebig fortgeführt werden. Jede Tätigkeit oder Handlung hat ihren Sinn. Nur verlieren wir diesen Sinn sehr oft aus den Augen, und dann wird unser Leben, unsere Arbeit sinnlos. Wir werden unzufrieden und befinden uns im sogenannten Alltagstrott. Sehr viel Zeit vertrödeln wir dann auch mit sinnlosen Dingen, denn wir haben ja keine Richtung mehr, die wir verfolgen können. Wir müssen also wieder einen Sinn in unserem Leben und in unserer Arbeit finden.

Wenn Sie nach dem Sinn Ihres Lebens fragen, müssen Sie sich zunächst überlegen: *„Was ist für mich das Wichtigste im Leben?"* Sicherlich fallen Ihnen hierzu Punkte ein wie: Familie, Gesundheit, innerer und äußerer Friede, Harmonie, beruflicher Erfolg, materielle Sicherheit und vieles mehr. Fragen Sie sich dann, was Sie brauchen, um all diese Ziele zu erreichen, dann werden Sie ganz schnell das erkennen, was eigentlich das Wichtigste im Leben ist, nämlich die Zeit!

Die Zeit, die auch deshalb so wichtig und wertvoll ist, weil keiner von uns weiß, wieviel Zeit ihm noch zur Verfügung steht. Wenn wir aber keine Ziele in unserem Leben haben, wenn wir also nicht wissen, warum wir arbeiten oder das eine oder andere tun, wenn wir einfach, wie viele Jugendliche es tun, irgendwas studieren, vertrödeln wir unendlich viel von diesem wertvollen und wichtigen Faktor „Zeit".

Ziele im Leben motivieren uns, zeigen uns einen Weg zu leben, und die Arbeit und der Alltag fallen uns leichter. Unsere Handlungen bringen uns einen Schritt weiter auf dem Weg zu diesem Ziel.

! Überlegen Sie, was Sie jeden Tag tun können, um einen Schritt weiter zu Ihrem Ziel zu kommen. Machen Sie sich einen Zeitplan und legen Sie fest, bis wann Sie die einzelnen Teilschritte und die Voraussetzungen für Ihre Ziele erreicht haben möchten. Egal, ob es familiäre, berufliche, persönliche oder sonstige Ziele sind. Ziele füllen Ihren Alltag aus, geben Ihnen Anerkennung und führen letztendlich zum Erfolg.

2. Wo will ich hin?

Stellen Sie sich einmal vor, Sie wollen in den wohlverdienten Urlaub fahren. Wenn Sie jetzt beginnen, Ihre Koffer zu packen, dann müssen Sie wissen, wohin Ihre Reise gehen soll. Genauso ist es mit unserer Lebensreise! Erst wenn wir unser Ziel kennen, können wir auch das richtige und sinnvolle Reisegepäck in unseren Koffer packen.

! In unserer heutigen Zeit, in der wir alle unter dem Druck einer Leistung stehen, ist es oft so, das unsere „sogenannten" Ziele eigentlich nicht unsere eigenen Ziele sind, nicht aus uns selbst entstanden sind. Viel zu oft sind sie uns von außen aufdiktiert worden; durch die Umwelt, die Medien, durch unsere Erziehung, durch den Partner oder durch unsere Vorgesetzten. Wie sollen wir uns für so ein Ziel begeistern, uns zu Höchstleistungen motivieren?

! Es müssen unsere eigenen, ureigensten Ziele sein. Wir müssen hinter diesen Zielen stehen und ganz genau wissen, wohin unsere eigentliche Lebensreise gehen soll. Ihr nächster Schritt heißt also: Finden Sie einen Sinn in Ihrem Leben.

Finden Sie „Ziele", für die es sich wirklich lohnt, den ganzen Einsatz zu bringen.

3. Unsere Träume und Wünsche

Aber manchmal fällt es den Menschen, vielleicht auch uns, schwer, unsere eigentlichen Ziele zu erkennen. Darum sollten wir an unsere Ziele und an den „Sinn unseres Lebens" anders herangehen. Machen Sie sich an dieser Stelle einmal bewußt, daß Zielen immer etwas voran steht, daß Ziele in unserem Leben einen Ursprung haben. Einen Ursprung, der meist auf einer anderen Ebene liegt als auf der rein Rationalen. Und diese Ebene, dieser Ursprung von allem, sind unsere Wünsche, unsere Träume. Wünsche und Träume, die wir tief in unserem Herzen tragen, die wir uns einmal erfüllen möchten.
Denken Sie hier nur einmal an Heinrich Schliemann, den Entdecker von Troja. Er hatte schon als kleiner Junge den Traum, einmal Troja zu entdecken. Und der Ursprung dieses Traumes: die „Odyssee von Homer", die Geschichte von Odysseus und der Eroberung Trojas.
Was war aber zu Schliemanns Zeit logisch an diesem Traum? Nichts! Trotzdem begeisterte ihn dieser Traum so sehr, daß er sich zu fragen begann: *„Was muß ich alles tun, um mir vielleicht einmal in meinem Leben diesen Traum, diesen Wunsch erfüllen zu können?"* Und so begann er zu studieren, schwer zu arbeiten, Sprachen zu lernen, Geschichte, Geographie... Alles mit den Gedanken in seinem Herzen, daß sich einmal sein Wunsch erfüllen wird.

4. Aus Wünschen werden Ziele!

Sehen Sie, jetzt ergeben sich mit einem Mal aus den Wünschen und Träumen klare Ziele. Ziele die analysiert und geplant werden können. Lebensziele, große Ziele, Jahresziele... Kleine Ziele, die täglichen Schritte auf dem Weg zur Erfüllung unserer Wünsche und Träume.

Denken Sie an einen Edison oder an irgend einen großen Erfinder. Überall stand ein Wunsch, ein Traum vor dem inneren Auge dieser großen Menschen. Denken wir einmal an uns selbst, als wir verliebt waren – und es vielleicht noch sind. Was haben wir da alles getan, was tun wir, um uns diesen einen Wunsch erfüllen zu können. Und so muß und wird es auch bei Ihren Lebenswünschen sein!

5. Ist es Zufall?

Viele Dinge in unserem Leben können wir nicht bestimmen und nicht beeinflussen. Diese Dinge, diese Situationen nennen viele Menschen Schicksal oder Fügung, Vorsehung oder auch Karma, und manche nennen es einfach den Zufall. Wie bei der Lebensgeschichte von Heinrich Schliemann und vielen anderen großen Menschen scheint es aber so, als ob wir diesen Zufall weit mehr beeinflussen können, als wir es uns im allgemeinen vorstellen. Durch die Kraft unserer Wünsche, Träume und Visionen scheinen wir mehr eigene innere Kräfte in die Hände zu bekommen, Kräfte, die uns helfen, den sogenannten Zufall auszuschalten und unser Schicksal wirklich erfolgreich zu beeinflussen.

Johann Wolfgang von Goethe hat einmal über die Bedeutung der Wünsche von uns Menschen folgendes gesagt: *„Unsere Wünsche sind die Vorboten der Fähigkeiten, die in uns ruhen."* Die Schwierigkeit bei der Arbeit mit unseren Wünschen besteht allerdings immer wieder darin, daß wir dabei durch unsere Ratio, durch unser logisches Denken regelrecht blokkiert werden. Sobald wir uns mit unseren Wünschen beschäftigen, kommen in uns sofort Gedanken hoch wie: *„Das kannst Du doch nicht; das schaffst Du doch nicht; dazu bist Du nicht talentiert genug, hast nicht genügend Mut, Kraft oder Wille . . .".* All diese Gedanken hindern uns, über unsere Wünsche noch weiter nachzudenken, ja sie blockieren uns so sehr, daß wir niemals das erreichen, was wir eigentlich erreichen könnten. Worin die Schwierigkeit bei der Realisierung unserer Wünsche besteht, das will ich Ihnen noch einmal an einem schon bekannten Beispiel verdeutlichen: „Gehen Sie einmal in ein Krankenhaus und hören Sie zu, über was die Patienten dort reden. Unterhalten sich die Kranken über das „wieder gesund werden" oder sprechen sie ständig über ihre Krankheit, über ihre Schmerzen und über das, was ihnen mißfällt, was sie fürchten?

! Sie erkennen, was ich Ihnen auch hier noch einmal sagen will: Auch wir beschäftigen uns viel zu oft mit dem, was wir nicht wollen, als mit dem, was wir wollen! Denken Sie in diesem Zusammenhang noch einmal an unseren Test: „Was will ich – was will ich nicht" zurück.

☺ Lassen Sie also Ihrer Fantasie einmal freien Raum und stellen Sie sich der Aufgabe, Ihre Lebenswünsche zu erkennen. Prüfen Sie dazu erst einmal die Ziele, die Sie in Ihrem Leben bisher erreicht und erstrebt haben. Woher kamen diese Ziele, wo lag ihr Ursprung? Klären Sie vor allem, ob es wirklich Ihre eigenen Ziele waren.

Schreiben Sie dann alles auf, was Ihnen zu Ihren Wünschen einfällt. Sprechen Sie auch mit Ihrem Partner und mit Ihrer Familie und lassen Sie sich nicht immer durch Ihren „Verstand" einschränken. In jedem Menschen, auch in Ihnen ruhen Kräfte, die es Ihnen ermöglichen werden, Ihre Wünsche Wirklichkeit werden zu lassen.

„Unsere Wünsche sind die Vorboten der Fähigkeiten, die in uns ruhen" (Johann Wolfgang von Goethe)

VI. In jedem Fall ... Optimist sein

„Tausend Möglichkeiten laden uns zu neuem Leben ein."

CHRISTIAN MORGENSTERN

1. Ein schöner Tag

Oft sind es nur kleine Dinge, die über unser Leben bestimmen. Es sind kleine Dinge, die unseren Erfolg bestimmen, kleine Dinge die unsere Gesundheit, unsere Harmonie und Zufriedenheit bestimmen. Es sind kleine Dinge, die uns helfen, den Tag positiv zu gestalten.

Eben weil es so kleine Dinge, so „nebensächliche" Ereignisse sind, machen wir uns über sie viel zu wenig Gedanken. Wollen wir einen Tag wirklich positiv gestalten, so müssen wir ihn schon positiv beginnen, denn schon in den ersten Minuten des beginnenden Tages fällt oft die Entscheidung wie dieser Tag wird. Denken Sie nur an das bekannte Sprichwort: „...der ist wieder mit dem linken Fuß zuerst aufgestanden".

Beginnen Sie den Tag positiv:

Negative Beeinflussung ausschalten! Schalten Sie zum Tagesbeginn jede negative Beeinflussung aus. Hören sie z.B. schöne Musik, aber stellen Sie Ihr Radio oder Ihren Radiowecker nicht genau auf die Zeit der Nachrichten ein. Die können Sie auch noch später am Tag hören.

Wie wichtig die ersten Momente des Aufwachens sind, möchte ich Ihnen anhand eines kleinen Beispieles aus unserer Seminararbeit verdeutlichen. Einer meiner Teilnehmer fühlte sich morgens bereits so zerschlagen, als hätte er die ganz Nacht durchgearbeitet. Alle Möglichkeiten und Unmöglichkeiten hatte er schon in Betracht gezogen, ja sogar bis hin zu einem Rutengänger. Die Situation änderte sich nicht. Auch ich bemühte mich zunächst, die Ursachen in der Person des

Teilnehmers zu finden. Er hatte jedoch weder extreme private, noch finanzielle Probleme, und auch sein Beruf machte ihm im Grunde genommen Freude.

So ganz beiläufig jedoch kam bei einem Gespräch heraus, daß dieser Teilnehmer seinen Radiowecker auf 6.30 Uhr gestellt hatte und daher jeden Morgen mit „negativen" Meldungen und Gedanken – nämlich den Nachrichten – geweckt wurde. Nach kurzer Zeit rief uns dieser Teilnehmer ganz begeistert an. Er hat eine Cassette eingelegt und wird nun jeden Morgen von seiner Lieblingsmusik geweckt. – Er wird also in der so empfindlichen Aufwachphase ab sofort positiv motiviert und seine Abgeschlagenheit ist wie weggeflogen.

Sofort aufstehen!

Stehen Sie sofort auf, die Zeit fehlt Ihnen sonst. Außerdem bringen Hast und Eile am Morgen nur Spannung und Disharmonie. Wenn Sie für das „nur noch ein Viertelstündchen" am Morgen keinen Kaffee mehr trinken und nur noch schnell eine Scheibe Brot essen können, zahlt sich das sicher nicht mehr aus. Ganz besonders deshalb nicht, weil Sie ja in diesen fünfzehn Minuten ohnehin nicht mehr schlafen.

Begrüßen Sie sich positiv

Ein ganz entscheidender Punkt. Lächeln Sie Ihr Spiegelbild im Badezimmer an. Sagen Sie sich selbst: „Heute wird ein guter Tag. Ich werde alle Situationen meistern! Ich freue mich, daß ich lebe!" Schreiben Sie sich solch einen Spruch auf ein kleines Kärtchen und stecken Sie ihn an Ihren Spiegel. Gehen Sie also nicht, wie gemeinhin üblich auf „Faltensuche" oder sonstige kritischen Betrachtungen der eigenen Person.

Am Anfang werden Sie sich etwas lächerlich vorkommen, aber denken Sie immer an den Sinn dieser Übung. Sie werden den Tag mit all seinen Belastungen leichter und besser meistern.

Begrüßen Sie Ihren Partner, Ihre Familie positiv!

Jede Disharmonie beseitigen. Leben Sie auf Kugellagern, und das Leben wird leichter. Bemühen Sie sich, auch wenn Sie zu den Morgenmuffeln gehören, Ihre Familie gut gelaunt zu begrüßen. Auch wenn Sie diese Laune eine Zeitlang „Schauspielen" müssen, werden Sie bald merken, daß Ihre Morgenmufflichkeit von ganz alleine verschwindet.

Tagesplanung

Planen Sie, was Sie an diesem Tag für Ihre Gesundheit,im besonderen für Ihre Nervenkraft, Ihren Beruf, Ihre Familie und für Ihre Lebensfreude tun wollen. Nehmen Sie sich für jeden Tag etwas Schönes vor, etwas, vorauf Sie sich bereits morgens freuen können, sei es am Abend schön essen gehen, einen Theaterbesuch oder auch nur die Lektüre eines schönen Buches.

Zeit und Harmonie beim Essen

Lassen Sie sich bei den Mahlzeiten Zeit. Schalten Sie auch hier alles Negative aus. Nicht nur Ihre Familie, vor allem Ihre Gesundheit wird es Ihnen danken. Denken Sie gerade bei den Mahlzeiten immer an das alte Sprichwort „Das Auge ißt mit".

Ein aktiver Start in den neuen Tag

Daß unsere Atmung für unser Leben absolut lebensnotwendig ist, kann wohl niemand bestreiten. Der Mensch kann ca. 30 Tage ohne feste Nahrung, ca. 7 Tage ohne Flüssigkeit, aber nur ca. 2-3 Minuten ohne Atmung überleben. Atmung dient jedoch nicht nur der reinen Sauerstoffversorgung unseres Körpers, sondern kann auch ganz entscheidend zu unserem körperlichen, seelischen und geistigen Wohlbefinden beitragen.

Manche körperlichen Beschwerden, wie zum Beispiel einige Arten von Kopfschmerzen, können einfach weggeatmet werden. Streß, Nervosität und Ärger können sich durch bewußte Atmung im wahrsten Sinne des Wortes „in Luft auflösen".

Durch richtige Atmung können wir zu der inneren Ruhe gelangen, die für eine optimale Konzentrationsleitung und damit für den Erfolg unbedingt notwendig ist.

Die optimale Atmung ist die Bauchatmung. Es ist ein Kuriosum, daß Säuglinge diese Atmung aus dem „ff" beherrschen. Erst im 5.–6. Jahr stellen die Kinder die Atmung um. Die Wissenschaftler kennen den Grund nicht, jedoch nimmt man an, daß der natürliche Nachahmungstrieb eine Ursache dafür ist. Erwachsene müssen diese Atemtechnik wieder neu erlernen. Kein Sportler und kein Sänger könnten eine optimale Leistung vollbringen, ohne die Bauchatmung anzuwenden. Bemühen Sie sich also, diese Bauchatmung zu Ihrer „normalen Atmung" zu machen, diese ursprüngliche Atmung wieder zu automatisieren. Hierzu müssen Sie sich zunächst die Bauchatmung einmal bewußt machen. Legen Sie sich auf eine Couch und legen Sie eine Hand auf Ihren Bauch. Nun konzentrieren Sie sich darauf, daß sich beim Einatmen der Bauch hebt und beim Ausatmen wieder flach wird. Atmen Sie dabei langsam und gleichmäßig ein und aus. Machen Sie diese einfache Übung täglich so oft es geht. Sie können diese Technik auch an Ihrem Arbeitsplatz im Sitzen üben. Nach kurzer Zeit werden Sie die Hand nicht mehr brauchen. Konzentrieren Sie sich bei jedem Atemzug auf die Bauchatmung.

Schaffen Sie sich Erinnerungshelfer (zum Beispiel die Armbanduhr an den rechten Arm) und sagen Sie sich: „Jedesmal, wenn ich auf meine Uhr schaue, mache ich ganz bewußt Bauchatmung". Schon bald ist diese Atmung automatisiert, und Sie werden merken, daß Sie viel ausgeglichener und konzentrierter sind.

Legen Sie sich in Ihre Atmung eine Philosophie!

Denken Sie während der Atemübungen: „Wenn ich einatme, atme ich Lebenskraft und Lebensfreude ein, wenn ich ausatme, atme ich Nervosität, Streß und Krankheit aus." Diese beseelte Atmung können Sie immer dann machen, wenn Sie müde oder abgespannt sind, wenn Sie unkonzentriert oder nervös werden.

2. Der neue Tag beginnt schon am Abend vorher

Wir haben uns mit einigen wichtigen Punkten beschäftigt, die wir alle am Morgen eines jeden Tages beachten sollten. Jetzt soll unser Thema der Abend sein, der ein Grundstein für den erfolgreichen nächsten Tag werden kann.

Wir, die wir uns täglich bemühen, positiv zu sein und zu handeln, wir sind keine Träumer, keine Spinner, sondern „positive Realisten", die den täglichen Belastungen des Lebens ins Auge schauen und versuchen, sie zu meistern. Um so wichtiger ist für uns jeder Augenblick, und wir müssen uns immer wieder bemühen, diese Augenblicke möglichst bewußt positiv zu gestalten. Für ein erfolgreiches und positives Leben ist ein harmonischer Tagesabschluß und ein erholsamer Schlaf von großer Bedeutung. Jetzt können Sie Ihre „innere Batterie" aufladen, um den nächsten Tag mit neuer Kraft zu meistern. Die folgenden Punkte können Ihnen dabei helfen:

Halten Sie einen Tagesrückblick!
Machen Sie kurz vor dem zu Bett gehen einen gedanklichen Tagesrückblick. Fragen Sie sich: „Was habe ich heute Positives erlebt, was für Probleme und Störungen traten auf, was kann ich morgen besser machen, was habe ich heute nicht erledigt, was mußte ich verschieben, welche kleinen Freuden und Höhepunkte nehme ich mir für morgen vor (gemeinsam mit dem Partner oder der Familie), welche Ziele habe ich morgen, wie beginne ich morgen früh den Tag?"

Gehen Sie nie mit Zorn im Herzen ins Bett!
Bemühen Sie sich, Streit und Disharmonie mit der Familie oder dem Partner vor dem zu Bett gehen zu beenden. Versöhnen Sie sich, denn der Streit und die ganze Unzufriedenheit hindern Sie nicht nur am Einschlafen, sie sind Gift für die Seele und für einen erholsamen Schlaf.

Hängen Sie Ihre großen Sorgen einfach weg!
Sie kennen die Situation: Probleme belasten uns, wir versuchen, sie zu verdrängen – aber wenn wir dann im Bett liegen, endlich einschlafen wollen, dann sind sie wieder da und lassen uns keine Ruhe finden. Versuchen Sie einmal folgenden Trick: Gewöhnen Sie sich an, mit jedem Kleidungsstück auch ein Stück Ihrer Sorgen und Probleme auszuziehen und in den Kleiderschrank zu hängen.

Bannen Sie Ihre Sorgen und Probleme gedanklich an Ihre Kleider, sperren Sie sie in den Schrank und sagen Sie sich dann: „Bude zu – Affe tot!" Konzentrieren Sie Ihre Gedanken z.B. auf Ihr Hemd und sagen Sie sich: „Hier habe ich mein Problem, raus aus dem Schlafzimmer, jetzt werde ich gut und schnell einschlafen und am Morgen voller Kraft und erholt aufwachen und meine Probleme meistern."

Denken Sie immer wieder daran: In Ihrem Unterbewußtsein haben Sie den besten und den folgsamsten Mitarbeiter, den Sie sich je wünschen können. Es wird sich immer wieder bemühen, das auszuführen, was Sie ihm sagen. Vertrauen Sie Ihrem Unterbewußtsein, es wird Ihren Befehlen gehorchen und Sie nicht enttäuschen.

Stellen Sie sich auf den neuen Tag positiv ein
Jeder Tag bietet uns eine neue Chance. Durch den Glauben an uns und an die höheren Kräfte sind wir in der Lage, auch die größten Sorgen zu meistern. Wir müssen nur mit dem ersten Schritt beginnen!

3. Starke Nerven – und vieles fällt leichter

Wir alle, wir leben in einer Zeit, in der ständig höchste Leistungen von uns verlangt werden. Leistungen, die nicht immer leicht von uns zu erbringen sind. Leistungen, die uns Kraft, Energie und Lebensfreude kosten können. Oft fehlt uns dann die Kraft, um die Belastungen des täglichen Arbeitstages erfolgreich zu meistern. Und welche Kraft ist es, die uns hier fehlt: Nervenkraft, starke Nerven, manchmal Nerven wie Drahtseile!

Nervenkraft, diese kostbarste Lebensenergie, können wir mit der Starterbatterie unseres Autos vergleichen. Der stärkste Motor kann nicht anspringen, wenn die Batterie leer und kraftlos ist. Darum erinnern uns die Kontrollampen und Anzeigeninstrumente in unserem Wagen, ob die Batterie auch richtig aufgeladen wird. Aber wo und was ist die Warnlampe für unsere leere Nervenbatterie?

Der Wutausbruch, der ungerechtfertigte Angriff unseres Partners oder Mitarbeiters, das Telefon mit seinem ständigen nervenzehrenden Klingeln, die ständige Konzentrationsschwäche, Vergeßlichkeit und Nervosität, der immer größer werdende Berg unerledigter Arbeit, die Lustlosigkeit und die mangelnde Lebensfreude . . . . Alles das sind Warnzeichen, die wir beachten sollten. Warnzeichen, die uns sagen: „Halt, jetzt lade erst einmal Deine Batterie wieder auf, und dann kann das tägliche Leben auch erfolgreich weitergehen."

Viele machen dann aber den großen Fehler, daß sie nicht nach den eigentlichen Ursachen der fehlenden Nervenkraft fragen, sondern „einfach" zu einer der üblichen Tabletten greifen. Das ist der scheinbar einfache Weg und führt ja, so sagt es die Werbung, zum gewünschten Erfolg. Wie weit dieses falsche Verhalten schon geführt hat, zeigen uns die vielen Tablettengeschädigten, unter ihnen leider auch viele Schüler.

Die Nerven stärken

Welches sind nun aber die eigentlichen Ursachen für eine gute Nervenkraft, und was können wir für unsere Nerven tun? Es sind fünf Punkte, die ganz entscheidende Auswirkungen auf die Nervenbatterie haben, die jeder beachten sollte.

! Nervenkraft ist von einem guten, erholsamen Schlaf abhängig. Schlaf ist die wichtigste Ladestation für unsere Nervenbatterie. Aber es muß ein gesunder, natürlicher Schlaf sein. Können Sie zum Beispiel nicht gut ein- oder durchschlafen und nehmen Sie dafür Schlaftabletten, dann kann Ihr Schlaf nicht mehr so natürlich sein und Ihre Batterie wird nur noch ungenügend aufgeladen. Viele Schlafmittel beeinflussen Ihre verschiedenen Schlaf- und Traumphasen, und der Schlaf ist nicht mehr erholsam. Das gleiche gilt übrigens auch bei starkem Alkoholkonsum.

! Haben Sie Einschlafprobleme: Fragen Sie sich einmal, ob Sie nicht schon auf das „nicht einschlafen können" warten, programmiert sind. Das heißt, ob Sie nicht bereits mit dem Gedanken ins Bett gehen: „Ich kann ja sowieso nicht einschlafen". Sie brauchen sich dann nicht zu wundern, wenn Sie sich schlaflos von einer Seite auf die andere wälzen.

! Drehen Sie das nächste Mal den Gedanken um und sagen Sie sich: „Heute werden ich besonders gut schlafen und am Morgen voller Kraft und Energie aufwachen." Versuchen Sie es einfach einmal.

Häufig treten Schlafprobleme dann auf, wenn man beruflich oder privat sehr belastet ist, einige Probleme zu lösen hat. Das heißt in einer Situation, wo man besonders den natürlichen und erholsamen Schlaf braucht. Auch hier können Sie sich eine einfache und simple Einschlafhilfe schaffen. Hängen Sie dazu einfach Ihre Sorgen in den Schrank!

! Beenden Sie vor dem Schlafengehen immer einen möglichen Streit in der Familie. Es wäre eine unnötige Belastung, mit Zorn ins Bett zu gehen.

Nervenkraft ist von Ihrer inneren Einstellung abhängig!

Wenn Sie die ganze Welt und das ganze Leben nur als Jammertal und als grausige Strafe sehen, wenn Ihnen am Leben nichts schön und lebenswert erscheint, dann haben Sie auch keine Nervenkraft. Wenn Sie sich ständig mit Ihrer Familie, mit Ihren Mitarbeitern und mit der Umwelt herumstreiten, dann vergeuden Sie Ihre wichtigste Energie, Ihre Nervenkraft.

! Wer größeren inneren und äußeren Belastungen ausgesetzt ist, wer große Sorgen und Probleme hat, der sollte wenigstens am Abend diese Belastungen vergessen. Nehmen Sie sich für den Abend etwas Schönes vor, ein Hobby, eine Neigung, etwas, das Sie interessiert und das Ihnen Freude macht. Planen Sie etwas mit Ihrer Familie oder mit Freunden. Denken Sie immer wieder an die „innere Batterie", die aufgeladen werden muß, um die täglichen Belastungen zu meistern. Sorgen Sie für eine positive Lebenseinstellung und für Harmonie in Ihrer Umwelt!

Nervenkraft ist von richtiger und ausgewogener Ernährung abhängig!

Vielen Menschen ist ja die große Bedeutung einer gesunden Ernährung schon bekannt. Auch bei der Ernährung ist es aber so, wie bei allen anderen Punkten; es kommt nicht darauf an, jetzt nur noch ganz natürliche Dinge zu essen, sondern daß wir auch in diesem Lebensbereich noch viel bewußter leben lernen.

! Bezogen auf unsere Ernährung heißt dies: Bewußter essen und trinken und zwar so, daß die Freude dabei keineswegs zu kurz kommt. Beachten Sie vielleicht künftig folgende Ratschläge:

! Ersetzen Sie fettreiche durch fettarme Kost.

! Reduzieren Sie Ihren Fleischkonsum und nehmen Sie bewußt natürliche Lebensmittel zu sich.

! Meiden Sie Salz und salzhaltige Nahrungsmittel.

! Reduzieren Sie drastisch den Zuckerverbrauch.

! Reduzieren Sie den Verbrauch von Weißmehl und Weißmehlprodukten.

Nervenkraft ist von körperlicher Bewegung abhängig!

Ein Mensch, der tagaus, tagein hinter einem Schreibtisch sitzt und auch in seiner Freizeit keinen Ausgleichssport betreibt, wird über kurz oder lang krank. Bewegung ist zur allgemeinen Gesunderhaltung und für gesunde Nervenkraft unerläßlich.

! Wählen Sie ein Fitnessprogramm, das Ihrer Neigung entgegenkommt, sei es Laufen, Schwimmen, Wandern oder Tennisspielen. Wichtig ist, daß es Ihnen und Ihrer Familie Freude bereitet.

Tägliche Entspannungsübungen als zusätzliche Unterstützung der Nervenkraft!

Seit das Autogene Training auch in die ärztliche Praxis Eingang gefunden hat, wissen wir, daß jeder von uns durch tägliche Entspannugsübungen zusätzlich etwas für seine Nervenkraft tun kann. Atemübungen, Autogenes Training, Meditation sind alles sinnvolle Wege, die wir gehen können. Hier kommt es darauf an, nur solche Methoden zu wählen, die mit unserem westlichen Denken im Einklang stehen.

Ein Wort zum Abschluß:

Sie wissen, in uns Menschen ruhen Kräfte, die uns helfen können, Probleme, Sorgen und Belastungen zu meistern. Diese Kräfte können wir durch unser positives Denken, durch unsere Begeisterung für eine Aufgabe und vor allem durch den Glauben an uns selbst aktivieren. Denken und handeln Sie positiv, und vieles fällt Ihnen leichter!

4. Konzentration und Lebenserfolg

Konzentration ist eines jener Dinge, die wir nicht beachten, solange keine Konzentrationsstörung auftritt. Zu unserem Glück verliert aber keiner von uns völlig die Fähigkeit, sich zu konzentrieren. Das würde eine Katastrophe für uns bedeuten. Stellen wir uns einmal vor, was die Folgen eines solchen Totalausfalls der Konzentrationsfähigkeit bedeuten würden. Alles, was wir sehen, alles, was wir hören, alle Ereignisse in unserer Umgebung, alle Eindrücke, die ununterbrochen auf uns hereinprasseln, hätten zu jeder Zeit den gleichen Stellenwert. Auf Dauer könnte das kein Mensch aushalten.

Tatsache ist, daß unser Gehirn nicht ausschließlich zur Bereitstellung von Intelligenz zuständig ist, es ist auch ein Organ, das dafür sorgt, Informationen ein- und auszusperren. Wir alle haben das schon oft in unserem Leben erlebt. Erinnern Sie sich nur an die vielen Situationen, wo wir uns konzentrieren müssen, eine Idee, einen Gedanken suchen oder einen Berg von Arbeit vor uns herschieben. Je mehr wir uns mit der Kraft des Willens anstrengen, je weniger gelingt uns oft die Arbeit. Auch alle konzentrationssteigernden Pülverchen, Tabletten und Mittelchen nützen da gar nichts. Am nächsten Tag, vielleicht auch zwei oder drei Tage später, läuft dann die Arbeit wie von selbst, ohne Kraftanstrengung, ohne Aufregung und Ärger!

Diese Situation kennen wir alle. Aber warum ist das so? Wir haben unbewußt ganz bestimmte, konzentrationsfördernde Ursachen beachtet. Viel zu oft in unserem Leben machen wir den Fehler, daß wir nicht nach den Ursachen einer Situation, einer Begebenheit fragen, sondern daß wir nur die Wirkungen behandeln.

! Wie oft erleben wir es, daß wir während einer anstrengenden Arbeit Kopfschmerzen bekommen. Und was tun da die meisten von uns? Es ist der Griff zur Kopfschmerztablette, die ausschließliche Behandlung und Beeinflussung auf der Wirkungsebene. Wir haben die Wirkungen geändert; oder haben wir mit der Tablette die Ursachen verändert? – Nein, natürlich nicht! Die Ursache für unsere Kopfschmerzen ist vielleicht die verbrauchte Luft in unserem Arbeitszimmer oder eine Überanstrengung der Augen. Eine Pause mit einem kurzen Spaziergang an frischer Luft, oder nur ein paar Atemübungen am geöffneten Fenster, und die Ursachen wären geändert.

Aber der Griff zur Tablette ist eben der einfache, leichte Weg – und den gehen wir Menschen leider viel zu oft. Genauso ist es mit unserer Konzentrationsfähigkeit. Mit „konzentrationssteigernden" Mitteln beeinflussen wir nur die Wirkungen. An den Ursachen ändern wir jedoch nichts! Es ist so, wie unser Besuch bei einem guten Arzt. Seine ausführliche Diagnose, das Feststellen der Ursachen unserer Schmerzen, ist der erste und entscheidende Weg zur Heilung. So ist es auch mit der Konzentrationsfähigkeit bei uns selbst, bei unseren Kindern und Mitarbeitern. Erst wenn wir die Ursachen der Konzentration erkannt und die konzentrationshemmenden Störungen beseitigt haben, erst dann können wir uns wirkungsvoll konzentrieren.

! Der Pessimist sucht ständig Ausreden für seine schwachen Nerven und seine mangelnde Konzentrationsfähigkeit, der Optimist beginnt systematisch etwas für seine Konzentrationsfähigkeit zu tun – so, wie wir es auch tun!

Achten Sie ab heute einmal auf folgende Punkte:

☺ Sorgen Sie für ausreichende Nervenkraft, d.h. ernähren Sie sich bewußter, schaffen Sie sich ausreichende körperliche Betätigung und sorgen Sie vor allem für einen guten und erholsamen Schlaf.

☺ Fragen Sie sich nach dem Sinn der Arbeit! Wie wollen Sie sich konzentrieren können, wenn Sie das Gefühl haben, daß Ihre Arbeit ja sowieso sinnlos ist.

☺ Machen Sie vor jeder wichtigen Arbeit eine kurze Entspannungsübung, führen Sie eine Übung mit der Bauchatmung durch und sagen Sie sich immer wieder: „Ich konzentriere mich jetzt voll auf meine Arbeit. Ich kann mich gut konzentrieren und bin voll bei der Sache...".

☺ Schaffen Sie sich ein möglichst positives Arbeitsklima, (Licht, Luft, Musik, Bilder, harmonische Umwelt) und schalten Sie Störungen von außen weitgehend ab.

☺ Schalten Sie jeden Ärger und jede Angst aus. Ärger und Angst sind die größten Feinde der Konzentrationskraft und fressen Ihre gesamte Lebensenergie auf!

☺ Teilen Sie Ihre Arbeit in kleine Abschnitte ein, und lassen Sie alle anderen Arbeiten von Ihrem Schreibtisch verschwinden, auch dann, wenn sie noch so wichtig und dringend sind. Denken Sie immer daran: Sie können nur eine Arbeit nach der anderen erledigen, niemals alle auf einmal!

☺ Belohnen Sie sich, wenn Sie Ihre Arbeit und Ihre Konzentrationsleistung vollbracht haben. Nehmen Sie sich schon vor Beginn der Arbeit vor, welche kleine Freude Sie sich als Belohnung gönnen werden.

Denken Sie immer daran: Das Leben und unsere Arbeit müssen uns Freude machen, denn „Freude ist das Grundgesetz des Lebens."

5. Gesund werden und gesund sein!

Bevor ich auf die Aktivierung der Selbstheilungskräfte im Körper eingehe, **möchte ich Sie ganz klar darauf hinweisen, daß das Positive Denken, unser Optimismus, kein Ersatz ist für eine ärztliche Therapie, sondern als eine ideale Unterstützung bei Ihrer Therapie und bei Ihrem Gesundungsprozeß angesehen werden muß!** Unsere innere Einstellung, unsere Gefühle und unser Denken tragen ganz entscheidend zu unserer körperlichen Verfassung bei. Haben wir beispielsweise Streß oder Ärger im Berufs- oder Privatbereich, schlägt uns dieser im wahrsten Sinne des Wortes auf den Magen. Wir fühlen uns körperlich, seelisch und geistig schlecht. Bei einer ständigen seelischen Belastung können wir sogar ernsthaft erkranken, unsere innere Unzufriedenheit hat dann diese Krankheit mit ausgelöst oder gefördert. Umgekehrt kann aber auch unsere innere Einstellung eine Krankheit verhindern oder die Symptome beseitigen.

! Gesundheitsbestimmende Faktoren sind: Lebensmut, Vertrauen, Hoffnung, Glaube, Lebensziele und vor allem der Wunsch, gesund zu werden. Unschwer ist daran abzulesen, daß alle genannten Faktoren mit der Art unseres Denklebens zusammenhängen, die darüber bestimmt, ob wir positiv oder negativ schwingen. Darum müssen wir aufpassen, daß sich weder innere noch äußere negative Einflüsse in unser vorherrschendes Denken einschleichen.

! Gelingt es nämlich, unser Interesse voll und ganz auf die Gesundheit zu konzentrieren, statt angstvoll auf die Fieberkurve und die Symptome der Krankheit zu schielen, dann erst arbeiten wir mit dem Arzt Hand in Hand und das, was krank macht, erhält keine neue Nahrung. Auch und gerade hier gilt:
„Bewußtsein ist Schöpfung"
Schaffen wir es, unser Bewußtsein durch systematisch betriebenes positives Denken mit Gesundheitsbildern zu durchdringen, wird es wieder aufwärts gehen.

Denken wir in diesem Zusammenhang an das Zitat von Wilhelm von Humboldt: *„Es wird die Zeit kommen, da gilt es als Schande, krank zu sein, und Krankheit wird sich als falsches Denken herausstellen."* Diese Erkenntnis spiegelt sich auch in einer vergleichbaren Aussage Buddhas wieder: *„Herrschaft über das Denken gibt Macht über Leib und Leben";* auf gleicher geistiger Stufe äußerte sich Christus: *„Steh auf, Dein Glaube hat Dir geholfen."*

Schier endlos sind die Beweise für die sprichwörtliche Macht der Gedanken und des Glaubens, der Berge versetzen kann. Umso erstaunlicher ist es, wie in der pharmazeutischen Werbung mit der Angst operiert wird, mit Sprüchen, wie z.B. solchen: „Jetzt ist Grippe-Zeit", „Jetzt ist Pollenflug" usw. Alles dramatische Aufmerksammachen auf Gesundheitsrisiken bei der Ernährung, beim Schwimmen, sogar beim Händeschütteln und alle angstvollen Hinweise auf Heuschnupfen, Grippe, ja auch auf Krebs und Aids wecken allzuoft die Reaktionsbereitschaft des Körpers auf diese geschürten Ängste.

So oft wir beispielsweise ans Essen denken, geht schon die Produktion der Magesäfte los. Und Gedanken an etwas Trauriges aktiviert bei manchen die Tränendrüsen. Ebenso reagiert der Organismus auf eine tiefsitzende Angst vor einer Krankheit, und der ständige Gedanke an sie ruft sie schließlich auch hervor.

Für uns Optimisten heißt das:

☺ Beschäftigen Sie sich nicht ständig mit Ihrer Krankheit. Beschäftigen Sie sich mit Ihrer Gesundheit. Stellen Sie sich vor, wie es ist, wenn Sie gesund sind. Schalten Sie, so gut es geht, alles aus, was mit Ihrer Krankheit zusammenhängt. Bitten Sie auch Ihre Familie und Ihre Freunde, nicht ständig von Krankheiten zu sprechen.

☺ Fragen Sie sich, warum Sie gesund werden möchten. Stellen Sie sich vor, was Sie alles machen werden, wenn Sie wieder gesund sind. Denken Sie über Ihre Lebensziele und über Ihre Wünsche nach. Stärken Sie Ihren inneren Wunsch, wieder gesund zu werden. Glauben Sie fest daran, daß Sie es schaffen. Überlegen Sie sich einen bestimmten Grund, warum Sie unbedingt wieder gesund werden müssen.

☺ Geben Sie nicht auf, auch Unmögliches kann möglich werden.

☺ Auch wenn die ärztliche Therapie anstrengend, lästig oder schmerzhaft ist, sagen Sie „ja" dazu und denken Sie daran, daß diese Therapie Ihnen helfen wird, gesund zu werden. Arbeiten Sie mit und vertrauen Sie Ihrem Arzt.

! Neben diesen Hilfen können Sie zusätzlich Ihr Unterbewußtsein zur Aktivierung der Selbstheilungskräfte anregen. Schreiben Sie auf ein Blatt Papier folgenden Satz: „Es geht mir immer besser und besser, Ich werde gesund – Ich glaube fest an mich und an meine Gesundheit."

Diesen Satz sollten Sie sich ständig ins Gedächtnis rufen. Legen Sie das Blatt Papier so hin, daß Sie so oft es geht darauf sehen. Sagen Sie diesen Satz täglich mehrmals vor sich hin und

Ihr Unterbewußtsein wird sein Möglichstes tun, um diesen Satz Wirklichkeit werden zu lassen.

6. Depressionen – Jeder kann selbst etwas dagegen tun!

Von den vielen Krankheiten, die unsere heutige Zeit heimsuchen, sind Depressionen eine weitverbreitete Gemütskrankheit, unter der Millionen Menschen leiden. Viele Möglichkeiten gibt es, um auch aus eigener Kraft etwas gegen diese Krankheit zu tun, vor allem dann, wenn sie nur in einer leichten Form auftritt, sei es, um den behandelnden Arzt bei seiner Therapie zu unterstützen oder um selbst in sein Leben erfolgreich einzugreifen.

Die wichtigste Frage, die Sie sich stellen müssen, ist die Frage nach der Ursache dieser Krankheit.

Vergleichen Sie das einmal mit einer Situation, die täglich auftreten kann: Stellen Sie sich vor, Sie fahren mit Ihrem Wagen, und mit einem Mal leuchtet die Ölkontrolle auf. Was tun Sie nun? Fahren Sie weiter, in der Hoffnung, das wird sich schon wieder geben? Oder halten Sie sofort an, um die Ursache festzustellen? Die Antwort wird klar sein!

Genauso wie der Arzt versucht, die Ursachen zu ergründen, müssen Sie das bei sich selbst versuchen. Oft ist das Erkennen der Ursachen schon der erste Schritt zur Gesundheit, und das Problem löst sich dann schon fast von selbst. Sie müssen bei dieser Arbeit sehr sorgfältig vorgehen, sich selbst genau beobachten und alle Gedanken und Eindrücke aufschreiben. Wir wollen uns jetzt mit einigen der Ursachen beschäftigen, die zu Depressionen, körperlicher und geistiger Müdigkeit, Unlustgefühlen, Niedergeschlagenheit und Hoffnungslosigkeit führen können und dann anschließend versuchen, eine Lösung oder Hilfe zu finden.

- Fehlende Ziele im Leben und die Suche nach „Sinn des Lebens"
- Mißerfolg im Beruf
- Unzufriedenheit im Umgang mit dem Partner und der Familie

- Fehlende Anerkennung durch Partner, Vorgesetzte und Mitarbeiter und die Umwelt
- Streß, Überlastung und fehlende Nervenkraft
- mangelndes Selbstbewußtsein und Selbstwertgefühl
- Selbstmitleid
- Verlust eines Partners oder Freundes
- Krankheit

Sicher ist diese Aufstellung nicht vollzählig, aber es sind einige der wichtigsten Ursachen, die zu einer Depression führen können.

Die Kraft unserer Gedanken

Aus unserer bisherigen Arbeit wissen wir, daß „Gedanken Kräfte sind" und wir sie für unsere Gesundheit einsetzen können. Fragen Sie sich einmal, mit welchen Gedanken beschäftige ich mich immer? Sind es positive und aufbauende Gedanken, oder sind es negative, niederziehende und depressive Gedanken?

Schreiben Sie sich einmal die Gedanken, die Sie immer wieder beschäftigen in Stichworten auf, und dann ersetzen Sie ganz bewußt die negativen Gedanken durch positive. Formulieren Sie dazu den negativen Gedanken in einen positiven um und sagen Sie sich diesen positiven Gedanken immer wieder.

! Zum Beispiel: „Ich bin nichts wert, ich habe keine Aufgabe und mein Leben hat doch überhaupt keinen Sinn."

☺ Jetzt ins Positive umformulieren: "Ich bin wertvoll und einmalig. Ich werde eine neue Aufgabe finden. Mein Leben hat einen Sinn. Ich freue mich, daß ich lebe!"

Schreiben Sie sich diesen oder einen ähnlichen Satz auf ein kleines Kärtchen und lesen Sie ihn so oft es geht am Tage durch.

Sicher werden Sie am Anfang über die Tatsache stolpern, daß diese neue Behauptung ja gar nicht wahr ist. Sicher ist sie im Augenblick noch nicht wahr, aber das kann und wird sich ändern. Außerdem, was nutzen Ihnen denn die negativen Gedanken, Ihre ganze negative Einstellung? Wird durch das ewige Jammern, durch das ständige Selbstmitleid irgend etwas besser? Finden Sie durch Jammern eine neue Aufgabe, ein neues Ziel? Kommt dadurch ein Partner zurück? Gewinnen Sie dadurch neue und echte Freunde? Ändert sich dadurch Ihr Aussehen, Ihre Figur?

☺ Also stellen Sie ab sofort positive Gedanken gegen das Negative. Es wird besser! Es hilft Ihnen!

Körperliche Aktivitäten helfen

Bewegen Sie sich häufig an frischer Luft, gehen Sie unter Menschen. Bewegung an frischer Luft kostet nichts und ist ein bewährter Stimmungsheber. Prof. Dr. Robert Brown, der an der Universität von Vergina in Charlottsville lehrt, sagt dazu: *„Bewegung erzeugt chemische und physiologische Veränderungen im Körper, die sich positiv auf unser Gemüt auswirken. Bewegung verändert den Hormonspiegel im Blut und kann die Menge der Beta-Endorphine (die Stimmung steuernden Stoffe im Gehirn) erhöhen. Außerdem wird die Funktion des vegetativen Nervensystems verbessert."*

Neben der Freude, die Ihnen Bewegung machen kann, haben Sie hier wieder Gelegenheit, unter Menschen zu kommen, neue Freunde und Aufgaben zu finden und natürlich zusammen mit Ihrem Partner und Ihrer Familie die Freizeit sinnvoll zu verbringen. Gelegenheit bietet unsere Zeit genügend. Nutzen Sie sie!

Achten Sie auf Ihre Ernährung!

Verzichten Sie auf Alkohol, Alkohol fördert Depressionen! Viele Wissenschaftler haben heute bewiesen, daß Vitamin- und aminosäurereiche Speisen für unser seelisches Wohlbefinden wichtig sind. Sie lösen in unserem Gehirn chemische Reaktionen aus, und bereits eine einzige Mangelerscheinung kann bei labilen Menschen zu Depressionen führen. Schauen Sie einmal Ihren Speisezettel durch, und ergänzen Sie ihn durch Vitamin B-reiche Kost. Vitamin B befindet sich in allen Vollkornprodukten, in Fisch, Gemüse und Eiern. Besonders wenn Sie Diät machen, dürfen diese Vitamin-B-Produkte nicht fehlen.

Lebensfreude bei jeder Mahlzeit!

Neben Vitamin B spielt aber auch die Umgebung, in der wir essen, eine große Rolle. Decken Sie den Tisch, auch wenn Sie alleine sind, immer schön. Stellen Sie eine Kerze hin, vielleicht auch Blumen, nehmen Sie nicht ausgerechnet Ihr billigstes und schlechtestes Geschirr, und essen Sie nicht aus dem Kochtopf. Eine angenehme, harmonische Atmosphäre vermittelt die Lebensfreude, die jeder Mensch so dringend braucht. Ihre Familie wird es Ihnen danken, und die Mahlzeiten werden zu einem wirklichen Vergnügen. „Das Auge ißt mit" ist kein bloßer Ausspruch.

Machen Sie einen Soll-Ist Vergleich!

Legen Sie schriftlich nieder, wie Sie sich fühlen, was Sie denken und was Sie stört. Beispielsweise, ich fühle mich traurig, keiner kümmert sich um mich, und der Regen macht mich ganz krank. Seien Sie hier ehrlich zu sich selber, und hinterfragen Sie so den Grund Ihrer derzeitigen Stimmung. So gelangen Sie dann auch bald zu den möglichen Ursachen Ihrer Depression. Nachdem Sie nun die Ist-Situation erstellt haben, gehen Sie über zur Bewertung und zur Soll-Situation.

Gehen Sie also die einzelnen Punkte, die Sie aufgeschrieben haben, realistisch durch und überlegen Sie, ob diese Gefühle überhaupt den realen Umständen entsprechen. Ist es beispielsweise wirklich so, daß sich niemand um mich kümmert? Häufig ergibt sich durch das Hinterfragen, daß die Situation gar nicht so ist, wie man glaubt. Nachdem wir nun die Situation den realistischen Umständen angepaßt haben (bitte schriftlich) gehen wir nun über zum Soll-Zustand.

Formulieren Sie nun positiv, wie Sie sein möchten, und suchen Sie in den Umständen, die Sie nicht ändern können, die positive Seite. Am Regen beispielsweise können Sie nichts ändern, aber auch ein Regen kann durchaus positiv sein.

Ehrlich zu sich selbst sein!

Machen Sie diesen Soll-Ist-Vergleich auch in Bezug auf Ihr Äußeres und Ihre Wohnung. Betrachten Sie sich kritisch, und überlegen Sie, welche Stimmung Ihre Kleidung und Ihre

Wohnungseinrichtung ausstrahlen. Sind es überwiegend dunkle Farben oder fröhliche und helle? Kleiden Sie sich bewußt, um sich zu gefallen oder nur der Notwendigkeit halber? Mögen Sie sich selber anschauen oder machen Sie einen großen Bogen um jeden Spiegel?

Das Handeln!

Wenn Sie sich selber nicht gefallen, legen Sie sich eine neue Frisur zu, kleiden Sie sich überwiegend mit hellen und fröhlichen Farben, versuchen Sie, abzunehmen, etc.? Sind Sie mit Ihrer beruflichen Situation unzufrieden, besuchen Sie Fortbildungskurse oder bemühen Sie sich um eine neue Stellung? Ein „Schleifenlassen" von Aussehen und Bildung des einen Partners ist im übrigen auch ein häufiger Grund für Streitigkeiten in der Partnerschaft. Ein Partner ist im Laufe der Zeit gewachsen, der andere Partner aber stehengeblieben, wenn nicht sogar zurückgegangen. Diese Diskrepanz ist Gift für eine Beziehung.

Einen Tagesplan aufstellen!

Erstellen Sie sich ein Tagesprogramm, das Ihnen Freude bereitet und Sie zufrieden macht. Planen Sie in den Tagesablauf auch den Bereich Aussehen und Weiterbildung mit ein. Denken Sie an Ihre Ziele, und bemühen Sie sich jeden Tag ein Stückchen weiter auf dem Wege zum Erreichen Ihrer Ziele. Beschäftigen Sie sich vor allem am Wochenende mit sinnvollen Dingen. Schreiben Sie zum Beispiel endlich die längst fälligen Briefe, ordnen Sie die Urlaubsphotos, was Sie ja schon längst machen wollten, etc. Nehmen Sie sich aber nie zu viel vor. Immer nur kleine Bereiche. Wenn Sie einen Bereich erledigt haben, gibt Ihnen das Auftrieb für alles weitere.

Graben Sie sich nicht zu Hause ein!

Gehen Sie unter Menschen. Gelegenheiten gibt es heute viele. Interessensgemeinschaften, Hobbykurse, Sportvereine, Theater, Volkshochschule und vieles mehr helfen Ihnen, neben dem jeweiligen Nutzen (s.o. Weiterbildung, Abnehmen.) auch neue Freunde zu gewinnen. Erwiesenermaßen sind kontaktfreudige

Menschen in Krisensituationen erheblich stabiler als andere. Sie sollten sich auch bemühen, den wirklichen Freund zu finden. Einen Freund, mit dem Sie Freud und Leid gleichermaßen teilen und auch verborgenste Gedanken und Gefühle besprechen können. Denken Sie aber hierbei daran, daß eine Freundschaft nur bestehen kann, wenn von beiden Seiten das Verhältnis von Geben und Nehmen stimmt. Betrachten Sie also eine Freundschaft nicht als reinen Seelenmülleimer. Lassen Sie den Kontakt zu anderen Menschen niemals abreißen. Einsamkeit und Isolation haben eine Depression fast zwangsläufig zur Folge.

Jetzt haben Sie viel über Depressionen und Ihre Bewältigung erfahren. Es liegt nun an Ihnen, diese Hilfen für Ihr tägliches Leben anzuwenden und zu nutzen.

Machen Sie sich für die nächste Zeit folgenden Ausspruch von Jean-Paul Sartre zum Leitgedanken: *„Der Mensch ist nichts anderes, als was er selber aus sich macht."*

Suchen Sie die schönen Seiten des Lebens und mißachten Sie die negativen.

7. Erfolgreich mit Menschen umgehen

„Wenn wir die Menschen so behandeln wie sie sind, dann machen wir sie schlechter. Behandeln wir sie dagegen so, wie sie sein sollten, dann bringen wir sie dahin, wohin sie zu bringen sind." Johann Wolfgang von Goethe

Immer wieder treffen wir Menschen, die große Schwierigkeiten haben, mit ihren Mitmenschen auszukommen. Sie haben ständig Streit mit ihrer Familie, mit ihren Mitmenschen und Mitarbeitern, keine Freunde – nur flüchtige Bekannte. Ja, in vielen Fällen gehen diese Menschen ganz alleine durchs Leben. Dieses Leben verfluchen sie oft genug, können sich selber und die anderen nicht leiden.

! Bevor Sie nun weiterlesen und vielleicht auch den einen oder anderen Tip annehmen und in die Tat umsetzen, überlegen Sie bitte, warum Sie von ganz bestimmten Menschen anerkannt werden möchten. Überlegen Sie auch, wie wichtig dieser Mensch für Sie ist und was Sie dafür einzusetzen bereit sind. Der Gedanke *„Ich bin eben so, und wen es stört, der mag mich sowieso nicht richtig"* oder *„Ich bin eben so, die müssen mich so wie ich bin akzeptieren"* ist falsch. Außerdem können Sie die anderen ändern? Nein, nur sich selbst können Sie ändern, so schwer es Ihnen auch am Anfang fallen mag. Sie müssen auf die Eigenschaften, Gefühle und Gewohnheiten der anderen Rücksicht nehmen. Wollen Sie selbst anerkannt werden, müssen Sie zuerst Ihre Mitmenschen mit all ihren Schwächen und Fehlern anerkennen.

Zur Verdeutlichung ein einfaches Beispiel: Ihr Partner kann beispielsweise den alten Anzug, den Sie so gerne tragen, nicht ausstehen. Er ist für ihn ein Greuel. Hier müssen Sie entscheiden, was Ihnen wichtiger ist, Ihr alter Anzug, also Ihre Bequemlichkeit oder die gute Stimmung mit Ihrem Partner. In manchen Situationen müssen Sie eben einfach Ihre eigene Gewohnheit zu Gunsten des anderen zurückstellen. Denken Sie daran, Sie verfolgen ja das Ziel „Er oder Sie soll mich akzeptieren, Sie wollen doch mit den anderen besser auskommen . . .". Wenn Ihnen daran wirklich soviel liegt, müssen Sie auch bereit sein, gewisse Zugeständnisse zu machen.

! Suchen Sie nicht den Fehler bei den anderen, der Grund, die Ursache liegt bei Ihnen, und nur bei sich selbst können Sie etwas ändern! Betrachten Sie sich einmal selbstkritisch mit den Augen eines anderen, und erörtern Sie die Punkte:

Mein Äußeres, meine Kleidung, meine Frisur, mein Auftreten, mein Gang, meine Haltung, mein Verhalten gegenüber den anderen. Kann ich zuhören, spiele ich mich zu sehr in den Vordergrund, akzeptiere ich den anderen?

Mein Charakter: Habe ich eine Eigenschaft, die den anderen vielleicht verletzt, bevormunde ich den anderen zu sehr, mache ich ihn ständig nur auf seine Fehler aufmerksam?

Wenn Sie darüber nachgedacht haben, stellt sich automatisch die Frage, was Sie tun können, um zunächst einmal sich selber zu akzeptieren. Und nun heißt es handeln, denn Wissen alleine, das wissen wir alle, Wissen allein genügt nicht. Fangen Sie mit dem Leichtesten an, und die Erfolge werden nicht lange auf sich warten lassen. Bitte bedenken Sie dabei auch, daß es oft nur Kleinigkeiten sind, die andere Menschen negativ auf Sie einstimmen. Vielleicht sprechen Sie hierüber auch einmal offen mit Ihrem Partner und hören Sie ihm gut zu. Akzeptieren Sie aber vor allem auch Ihr „Gegenüber" mit seinen Fehlern und Schwächen, denn es ist genauso ein Mensch wie Sie und damit niemals perfekt.

Achten Sie ab heute auf folgende Punkte:

☺ Überlegen Sie, warum und von wem Sie akzeptiert werden möchten und wie wichtig diese Person für Sie ist. Machen Sie sich die Vorteile bewußt, die Sie dadurch haben, daß Sie in Zukunft „akzeptiert" werden, mit Ihrem Mitmenschen besser auskommen.

☺ Beginnen Sie mit der Veränderung bei sich selbst, und warten Sie nicht darauf, daß der andere zuerst beginnt.

☺ Betrachten Sie Ihr Aussehen und Auftreten kritisch.

☺ Überdenken Sie Ihre positiven und negativen Eigenschaften, und bemühen Sie sich, die negativen zu reduzieren.

☺ Akzeptieren Sie den anderen mit seinen Fehlern und Schwächen, und üben Sie ihm gegenüber Toleranz.

☺ Gehen Sie auf die Bedürfnisse, Gefühle und Gewohnheiten des anderen ein.

☺ Akzeptieren Sie sich selber.

„Der beste Weg, einen Freund zu finden, ist selbst einer zu sein!"

8. Wieder miteinander reden können

Überlegen Sie einmal, wie ein normaler Tag bei Ihnen verläuft. Vielleicht gehören Sie auch zu den Menschen, die müde und abgespannt von der Arbeit nach Hause kommen. Jetzt wollen Sie Ihre Ruhe haben und nichts mehr sehen oder hören. Viele Menschen setzen sich jetzt vor den Fernsehapparat oder gehen ihrem Hobby nach. Einfach zum Abschalten. Die Lust für Gespräche fehlt meistens, denn jeder möchte jetzt endlich seinen eigenen Interessen nachgehen.

Gespräche über den Tagesverlauf, über mögliche Probleme

oder auch angenehme Erlebnisse finden nicht mehr statt. Oft interessiert es einen gar nicht, was der andere erlebt hat. Die eigenen Tagesgeschehnisse stehen hier im Vordergrund, und man hört einfach nicht richtig zu, was der Partner erzählt. Irgendwann kommt dann der Zeitpunkt, daß man nicht mehr mit dem anderen reden kann.

! Der Partner, die Familie hat ihre Wertigkeit verloren, obwohl gerade in der heutigen Zeit mit dem hohen Leistungsdruck das Bedürfnis nach menschlicher Wärme und Verständnis ständig wächst. Aus diesem Zwiespalt entstehen dann viele kleine Streitigkeiten. Das Verständnis und Interesse an dem Partner verschwindet immer mehr, und die innere Unzufriedenheit wächst.

Die Ursachen dieses fehlenden Interesses für den anderen liegen zum einen in dem vielfältigen Freizeit-, Berufs- und Bildungsangebot und zum anderen im ständigen Streben nach der viel gerühmten „Selbstverwirklichung" und der Suche nach der eigenen Identität. Jeder möchte sein eigenes Leben leben, sei es im Beruf oder in der Partnerschaft und möglichst viele Annehmlichkeiten der heutigen Zeit ausnutzen. Ein Auseinanderleben ist vorprogrammiert. Durch die unterschiedlichen Ziele, aber auch die Interessen, Hobbys und Aktivitäten verschwindet allzuoft die Basis einer Partnerschaft, verschwinden die „gemeinsamen Ziele", jeder verfolgt nur noch seinen eigenen Weg.

Betrachten wir doch einmal ein Wochenende in einer „modernen Familie": Der Vater ist begeisterter Bastler und repariert am Wochenende sein Auto, die Mutter hat ehrenamtliche Pflichten in der Gemeinde übernommen und ist damit am Wochenende ausgelastet, der Sohn unternimmt mit Freunden eine Spritztour, und die Tochter genießt das Vereinsleben im Tennisclub. Am Sonntagabend trifft sich diese „Familie" vielleicht beim Abendessen und beim obligatorischen Fernsehen. Jeder versucht zu erzählen, was er erlebt hat, von seinen Erfolgen, von den schönen Erlebnissen, aber auch von den Schwierigkeiten des Tages. Da jedoch meist das Fernsehen und die eigenen Probleme im Vordergrund stehen, hört keiner so richtig zu, und das Gespräch verläuft im Sande.

Was können wir also tun, damit wir wieder miteinander reden können und vor allem, daß die Familie wirklich das bleibt, was sie war. Eine kleine Einheit, die den einzelnen Familienmitgliedern Schutz, Verständnis und Geborgenheit bietet.

Beachten Sie ab heute folgende Punkte:

☺ Lernen Sie, dem anderen zuzuhören!

☺ Üben Sie Verständnis und Toleranz dem anderen gegenüber!

☺ Akzeptieren Sie die Meinung und die Wünsche des anderen!

☺ Suchen Sie die Fehler und die Ursachen für die Probleme im Umgang mit den anderen bei sich selbst!

☺ Teilen Sie die Probleme und Sorgen des anderen, und suchen Sie gemeinsam nach Lösungen. Gehen Sie auf andere ein, und schieben Sie nicht die eigenen Probleme und Sorgen vor. Versuchen Sie, in einem Gespräch mit Ihrem Partner, Ihrer Familie die gemeinsame Basis wieder herzustellen.

☺ Nehmen Sie sich Zeit für Gemeinsamkeiten, und planen Sie diese Zeit fest ein.

☺ Betrachten Sie eine Partnerschaft als persönliche Ergänzung.

☺ Planen Sie täglich etwas Schönes, einen kleinen Höhepunkt.

☺ Sprechen Sie im Rahmen einer „Familienkonferenz", in der jeder eine gleichwertige Stimme hat, über die verschiedenen täglichen Probleme und auch über die Interessen, die jeder hat. Versuchen Sie gemeinsam Lösungen zu finden.

☺ Die Basis für jede Partnerschaft und jede Zusammenarbeit sind die gemeinsamen Ziele. Sprechen Sie mit Ihrem Partner, auch mit Ihren Mitarbeitern regelmäßig diese Themen an, und sprechen Sie auch darüber, welche Teilschritte Sie bereits erreicht haben. Überlegen Sie gemeinsam, was Sie von Ihrem Leben erwarten, was Sie gemeinsam erreichen möchten und wie Sie sich Ihr Leben in der Zukunft vorstellen.

9. Erfolge entscheiden, nicht die Fehler

Immer wieder erleben wir es, daß wir auf unsere Fehler aufmerksam gemacht werden und selten auf das, was wir richtig und gut gemacht haben. Schon in der Schule hat dieser Teufelskreis seinen Anfang genommen – oder können Sie sich erinnern, daß unter Ihrem Diktat stand: „84 Richtige!"

Wir haben schon ausführlich darüber gesprochen, daß es heute leider zur Gewohnheit geworden ist, daß viele Menschen eher auf das Negative, Falsche achten als auf die vielen positiven Dinge. Dieses Verhalten dehnt sich zunehmend auf alle zwischenmenschlichen Bereiche aus.

! Das viele Positive, das wir leisten, ist in den Augen der Mitmenschen normal geworden, das wenige Negative, die Fehler sind in ihren Augen allerdings unverhältnismäßig wichtiger. Diese Diskrepanz wirkt sich gravierend auf unser Selbstbewußtsein und unsere Lebensfreude aus. Man fühlt sich nicht mehr anerkannt und verliert die Lust, eine Aufgabe überhaupt in Angriff zu nehmen. Denn wenn es gut geht, ist es normal und wird einfach hingenommen, geht es aber schief, wird kritisiert, gemeckert und genörgelt.

Um die Gefühle „ich werde nicht anerkannt" und „ich werde ungerecht behandelt" zu beseitigen, bedarf es allerdings auch viel Eigeninitiative.

! Als ersten Schritt müssen wir uns fragen, ob wir nicht auch schon von der „negativen Welle" angesteckt sind und wir das Lob unserer Mitmenschen einfach überhören. Achten wir nicht selbst mehr auf Kritik als auf Anerkennung? Setzen wir die negative Kritik unserer Umwelt nicht bereits voraus? Hierauf sollten wir einmal einige Tage ganz bewußt achten.

! Der zweite Schritt ist dann, daß wir eine bestimmte Sache so gut verrichten, daß wir selber stolz darauf sind. Denn wenn wir selber von einer Sache nicht so überzeugt sind, können wir auch kein Lob von anderen erwarten. Erst wenn wir unsere eigene Leistung anerkennen, können wir Anerkennung von außen erwarten. Das heißt also, wir bemühen uns ab sofort, jede Leistung, ganz gleich welcher Art, so gut zu machen, daß wir selbst stolz darauf sein können.

! Ganz entscheidend ist auch der dritte Schritt. Wir müssen uns fragen, ob wir selbst andere loben oder die Leistungen anderer für uns auch bereits normal geworden sind. Erkennen wir zum Beispiel die Leistungen der Mutter an, die jeden Tag kocht, unsere Wäsche bügelt, das Haus oder die Wohnung putzt? Beschweren wir uns nicht eher, wenn die Lieblingshose mal nicht frisch gewaschen im Schrank hängt, als ihr zu danken, wenn sie dort hängt? Loben wir den „Herrn des Hauses", der nach seinem anstrengenden Arbeitstag noch ein offenes Ohr für unsere Probleme hat oder den Kindern die Mathematikaufgaben erklärt oder ist für uns dies auch normal?

! Erkennen wir es an, wenn uns Freunde diesen oder jenen Gefallen tun? Erkennen wir die vielen Leistungen an, die unser Partner täglich für uns erbringt? Wie sehr aber loben wir dafür unseren Hund, wenn er ein Stöckchen zurückbringt, das wir weggeworfen haben.

! Hier müssen wir genau nachdenken, ob wir selbst nicht vieles als normal abtun und es als SELBSTVERSTÄNDLICH annehmen. Wir dürfen nichts von anderen erwarten, was wir nicht selbst bereit sind, zu geben.

Als kleinen Denkanstoß und zum Abschluß dieses Themas noch eine kurze Geschichte zum Nachdenken.

„Einst gab es in einem fernen Land den Tempel der tausend Spiegel. Eines Tages lief ein Hund die Treppen zu diesem Tempel hoch. Er ging durch das große Portal und sah mit einem Mal tausend Hunde, die ihn anblickten. Er sträubte das Fell, fletschte die Zähne und knurrte – und tausend Hunde knurrten zurück. Mit eingekniffenem Schwanz rannte der Hund aus diesem Tempel und ward dort nie mehr gesehen.

An einem anderen Tag lief ein kleiner, lustiger Hund zu diesem Tempel, er ging hinein, sah die tausend Hunde und wedelte freudig mit dem Schwanz – und tausend Hunde wedelten zurück."

Beachten Sie ab heute folgende Punkte:

☺ Testen Sie sich selber, ob Sie das Lob der anderen nicht möglicherweise überhören.

☺ Erledigen Sie Ihre Arbeit so gut, daß Sie selber stolz darauf sind.

☺ Bemühen Sie sich, auch die Leistungen der anderen anzuerkennen und zu loben.

☺ Gehen Sie positiv und ohne negative Gedanken und Vorurteile auf die anderen zu. Lächeln Sie die anderen Menschen an und sie lächeln zurück.

10. Mein Partner hat mich verlassen

Es ist immer schlimm, einen Menschen zu verlieren, mit dem man eine Zeitlang zusammmen war. Sehr viele Menschen machen es sich in dieser Situation noch zusätzlich schwer. Sie quälen sich mit unnötigen Gedanken und Gefühlen. Viele versuchen mit Gewalt, diesen Menschen wieder zu gewinnen. Wenn jedoch der entscheidende Schritt des Verlassens einmal vollzogen ist, sollte man jegliche Anstrengung in dieser Richtung vermeiden. Wenn es sich der Partner doch anders überlegt, so muß diese Initiative von ihm ausgehen. Meistens ist die Fortsetzung der Beziehung unmöglich. Auch die Suche nach Schuld ist müßig. Wenn eine Beziehung auseinandergeht, egal aus welchen Gründen, sind immer beide Teile gleichermaßen Schuld. Das gilt auch, wenn ein Partner „fremd geht".

! Überlegen Sie ausschließlich, welche Fehler Sie gemacht haben. Die Fehler, die Ihr Partner gemacht hat, sind völlig uninteressant für Ihr zukünftiges Leben. Aus Ihren Fehlern können Sie lernen und diese dann bei einer neuen Beziehung vermeiden.

! So schwer es auch fällt, gerade nach einer Trennung möglichst viele Aktivitäten entwickeln. Hierzu bieten sich gerade Vereine an. Aus den gleichgelagerten Interessen eröffnet sich ganz selbstverständlich ein neuer Bekanntenkreis. Eine neue Beziehung ergibt sich zufällig und kann nicht erzwungen werden.

! Lassen Sie sich auf keinen Fall gehen. Pflegen Sie Ihr Äußeres, achten Sie auf Ihre Kleidung. Sie müssen sich selber gefallen, wenn Sie aus dem Haus gehen. Es ist ganz wichtig, daß Sie wieder Selbstvertrauen gewinnen und ausstrahlen. Ihre innere Zufriedenheit wird sich auch positiv auf Ihr Umfeld auswirken.

! Labile Menschen greifen nach einer Trennung häufig zu Rauschmitteln, wie Alkohol, Drogen und Tabletten, um „vergessen zu können". Achten Sie auf die Warnsignale und halten Sie sich in dieser Situation ganz bewußt von diesen Drogen fern.

Beachten Sie ab heute folgende Punkte:
☺ Lassen Sie den Kopf nicht hängen!
☺ Befassen Sie sich ganz intensiv mit schönen Dingen!
☺ Machen Sie sich jeden Tag eine kleine Freude!
☺ Gestalten Sie Ihre Wohnung, Ihr Haus so schön und
☺ Gestalten Sie Ihre gemütlich, wie es nur geht.
☺ Nehmen Sie sich Zeit zur Weiterbildung.
☺ Betreiben Sie Ihr Hobby intensiver!
☺ Nehmen Sie sich für die Wochenenden und Ihre Freizeit immer etwas Bestimmtes vor.
☺ Denken Sie über Ihre Fehler nach und bemühen Sie sich, diese zu beseitigen, Ihr Verhalten zu ändern!

„Wenn wir uns selbst so behandeln, wie wir sind, dann machen wir uns nur noch schlechter. Behandeln wir uns dagegen so, wie wir sein wollen, dann erreichen wir das, was wir erreichen können!"

11. Mißerfolge meistern

Mißerfolge können Glück oder Unglück für unseren Lebensweg bedeuten. Sie können zurück- und niederschlagen oder uns auf dem Weg zum Aufstieg ganz erheblich helfen. Es kommt nur darauf an, wie wir mit Fehlschlägen umgehen und ob wir es verstehen, sie zu unserem Vorteil zu nutzen. Stehen wir unseren Fehlschlägen apathisch gegenüber, um sie als

Unabänderliches kampflos hinzunehmen, so werden wir zu Sklaven unseres Schicksals. Wir sind schwach und haben Angst vor der Zukunft, ohne Halt und innerlich blockiert. Wir werden unfrei in unserem Denken, Handeln und Wollen. Wir haben uns selber zum Schleppen dieser zentnerschweren Last verurteilt. Zudem werden diese Lasten immer schwerer, denn aus Mißerfolgen wachsen neue Fehlschläge, bis wir schließlich unter unserem Selbstmitleid ganz zusammenbrechen. Jegliche Lebensfreude geht verloren, wir fühlen uns als ständige Versager und unfähig zum Leben. In unserem Inneren ist eine Welt zusammengebrochen, an unserer Seele nagt die Furcht vor neuen Mißerfolgen. Diese ständige Angst vor jedem Handeln zerstört unser Selbstvertrauen und entzieht uns unaufhörlich Harmonie und Lebensfreude. Jeder Schritt, den wir tun, ist ein vorprogrammierter neuer Mißerfolg.

! Wie wir unsere Fehlschläge vermeiden können, zeigen uns die Gedanken, mit denen wir uns schon ausführlich beschäftigt haben.

! Überlegen wir also, ob wir mit zuversichtlichen oder ängstlichen Gedanken an eine Sache oder an den neuen Tag herangehen.

! Sag Ja zum Leben! Auf jeden Regen folgt auch wieder Sonnenschein! Durch unser Jammern und unser Selbstmitleid können wir ohnehin das Geschehene nicht ändern.

! Wenn wir also an eine Sache in der Weise herangehen, indem wir immer nur daran denken, was alles passieren und schiefgehen könnte, programmieren wir den Mißerfolg bereits vor.

! Als ersten Schritt müssen wir erkennen, daß wir diese Niederlage meist selbst verschuldet haben. Nicht die anderen sind Schuld, sondern die Ursache lag am eigenen falschen Handeln, wie beispielsweise an der verkehrten Einstellung, an ungenauer Vorüberlegung oder an mangelnder Konzentration. Nach dieser Bestandsaufnahme der Ursachen müssen wir überlegen, wie wir diese in Zukunft vermeiden, beseitigen oder einbeziehen können. Die Überlegungen sollten schriftlich durchgeführt werden, und ganz wichtig ist, daß die Ursachen ausschließlich im eigenen Verhalten gesucht werden. Die anderen können Sie ja nicht ändern, das heißt, Sie müssen Verhalten und Reaktion der anderen genauso in Ihre Planung einbeziehen wie mögliche dingliche Fehlerquellen.

Durch diese genaue Analyse der Ursachen des Mißerfolges können wir jeder weiteren Herausforderung mit Optimismus und Zuversicht begegnen.

! Fehlschläge veranlassen uns also, daß wir von Zeit zu Zeit Einkehr bei uns selber halten, Konflikte beseitigen und alle Regungen und Empfindungen auf Harmonie schalten. So können wir die innere Stärke entfalten, die uns zu einer erfolgreichen Lebensgestaltung führt. Fehlschläge sind also notwendig, wenn wir aus ihnen lernen, wenn sie die Wege zum Bessermachen weisen. Nur die Wiederkehr alter Fehler bedeutet Rückschritt. Mißerfolge, aus denen wir lernen, steigern unsere Leistung und führen uns letztlich zum persönlichen und beruflichen Erfolg.

Unser Blick muß auf die Zukunft gerichtet sein. Nicht auf das Fehlerhafte von gestern und heute, sondern auf das Bessere von Morgen und vor allem auf unsere Lebensziele und auf den Sinn unseres Lebens. So entfalten wir uns zu einer seelisch starken Persönlichkeit.

Beachten Sie ab heute folgende Denkanstöße:

!! Prüfen Sie Ihre Erwartungshaltung, das, was Sie sich in einer schwierigen Situation selbst prophezeien!

☺ Suchen und erkennen Sie die Ursachen für den Mißerfolg, und ändern Sie diese Ursachen!

☺ Suchen Sie nicht die Ursachen bei den anderen Menschen oder bei der Umwelt. Wir sind für unser Leben und alles, was sich in ihm abspielt, selbst verantwortlich. Das ist die Chance, die wir immer haben!

☺ Sehen Sie auch in den Mißerfolgen die positiven Seiten. Nur durch Mißerfolge können wir lernen und es in Zukunft richtig und erfolgreich machen. Außerdem: Alles in unserem Leben besteht aus zwei Seiten, so gehört zu dem Erfolg eben der Mißerfolg, wir müssen das nur erkennen!

„Die Finsternis ist die größte Feindschaft des Lichts und doch die Ursache, daß das Licht offenbar werde." J. Böhme

12. Erfolgreich sein, heißt reden können

Immer wieder kommen wir in die Situation, daß wir vor einer Gruppe von Zuhörern reden sollen. Sei es nun, daß wir ein neues Produkt präsentieren müssen, zu einem bestimmten Thema ein Referat halten, bei einer wichtigen Prüfung vor den Professoren stehen oder in unserer Familie, im Verein oder im Freundeskreis eine kurze Rede halten müssen. Immer wieder kommt es in dieser Situation darauf an, möglichst sicher und überzeugend die uns gestellte Aufgabe zu meistern.

Aus meiner täglichen Praxis, bei Vorträgen und Seminaren mit vielen tausend Menschen, will ich Ihnen an dieser Stelle einige wichtige Ratschläge geben, die Sie sofort in die Praxis umsetzen können und die Ihnen helfen werden, in der Zukunft freier und sicherer und damit erfolgreicher reden zu können.

☺ Gute und saubere Vorbereitung ist eine entscheidende Voraussetzung für jede erfolgreiche Rede.

Fragen Sie sich zuerst einmal nach dem Redeziel: „Was will ich überhaupt sagen?" Die nächste Frage ist: „Zu wem spreche ich, wer sind meine Zuhörer?" Sie müssen zu Ihren Kegelbrüdern anders sprechen als zu dem Universitätsprofessor.

Die nächsten Fragen, die Sie sich stellen müssen, sind: Redezeit, Ort, räumliche Verhältnisse, Akustik und technische Hilfsmittel wie Overhead, Flip-Chart und Mikrofon.

☺ Bei der Vorbereitung Ihrer Rede oder Ihres Referates ist die absolut exakte Arbeit eine weitere Erfolgsvoraussetzung. Wenn Sie Ihr Referat ausschreiben oder mit Stichworten arbeiten, schreiben Sie möglichst groß, mit Druckschrift und nicht zu viel auf die einzelnen Blätter.

Beschriften Sie immer nur eine Seite, lassen Sie einen großen Rand frei (3-4 cm) und nummerieren sie alle Blätter gut sichtbar durch.

Denken Sie daran: Wenn Sie vor Ihren Zuhörern stehen, steigt Ihre Nervosität. Das, was Sie dann zu Hause noch gut lesen konnten, ist jetzt kaum noch zu entziffern!

☺ Machen Sie vor der Rede eine kurze Entspannungsübung. Am besten eignen sich dazu Atemübungen, Muskelentspannung oder eine Übung des autogenen Trainings.

☺ Kümmern Sie sich die letzten 30 Minuten nicht mehr um Ihre Rede, Ihr Referat. Was Sie bis dahin nicht können, das lernen Sie in diesen Minuten auch nicht mehr.

☺ Üben Sie Selbstbejahung! Sagen Sie sich z.B. immer wieder: „Ich bin gut vorbereitet, mein Referat wird erfolgreich" oder „Ich werde jetzt eine gute Rede halten" oder „Ich bin innerlich und äußerlich ganz ruhig und sicher" oder „Ich spreche jetzt ganz ruhig, sicher und frei".

☺ Wählen Sie zu Beginn eine positive Formulierung.

☺ Beginnen Sie nicht überstürzt. Warten Sie, bis Ihre Zuhörer ruhig sind, und beginnen Sie dann lauter zu sprechen, als Sie sonst immer sprechen.

☺ Suchen Sie den Blickkontakt zu einem Menschen, der Ihnen positiv gesinnt ist. Das baut auf, gibt Kraft und stärkt das Selbstvertrauen.

☺ Machen Sie am Ende eines Satzes immer wieder eine Pause. Die ganzen schlechten Redemanieren, die vielen „Ähs" zum Beispiel, sind nichts anderes als die Angst vor einer Redepause. Aber gerade diese Pausen sind für eine wirkungsvolle Rede wichtig. Die Pausen geben Ihrem Zuhörer Gelegenheit nachzudenken, Sie können selber auch nachdenken, Luft holen und die Wirkung Ihrer Worte überprüfen. Außerdem ergeben die Pausen, verbunden mit dem Luftholen, die Melodie der Sprache.

Nun noch einige Ratschläge, die Ihnen helfen werden, Ihr Lampenfieber, das übrigens jeder Sprecher, jeder Schauspieler hat, ein wenig abzubauen.

☺ Finden Sie die Gründe Ihrer Nervosität. Wenn Sie erst einmal wissen, was Sie fürchten, dann können Sie auch etwas dagegen unternehmen.

☺ Lernen Sie den Anfang und das Ende Ihres Referates auswendig. Ein guter Einstieg gibt Ihnen sofort Sicherheit. Außerdem hören Ihnen dann Ihre Zuhörer auch zu.

☺ Beginnen Sie noch etwas lauter. Das stärkt Ihr Selbstvertrauen, und leiser werden Sie von selbst.

☺ Strahlen Sie Zuversicht aus. Lächeln Sie Ihre Zuhörer an!

☺ Stehen Sie aufrecht, und fummeln Sie nicht, wie so viele

Politiker, an Ihrer Kleidung herum. Richtig anziehen sollten Sie sich vorher!

☺ Haben Sie keine Angst, wenn Sie einmal stecken bleiben. Wiederholen Sie einfach die letzten Worte, die wissen Sie meistens noch, und der Faden ist wieder da. Machen Sie eine witzige Bemerkung z.B. „...Jetzt habe ich doch den Faden verloren..." oder „...Was habe ich gerade gesagt...", oder... machen Sie einfach weiter. Denken Sie immer wieder daran: Ihre Zuhörer sind auch nur Menschen. Und keiner verlangt von Ihnen, wie eine Maschine zu sprechen. Außerdem, den Druck, den Sie im Magen haben, Ihre zitternden Knie und die feuchten Hände – das merken nur Sie und nicht Ihre Zuhörer.

Noch ein Wort

Erfolgreich und sicher reden ist auch und vor allem eine Sache der Übung. So wie ein Tennisspieler nur durch das ständige Training diesen schönen Sport erlernt, so ist es auch beim Reden. Nur durch ständiges Training erreichen Sie das, was Sie zu einem guten Redner macht. Üben Sie immer wieder und nutzen Sie jede Gelegenheit, um einen Schritt weiter zu kommen. Die Erfolge, die Sie dadurch haben werden, bringen Sie nicht nur in Ihrem Beruf oder in Ihrer Ausbildung weiter, die Erfolge machen Freude und bringen Selbstbestätigung.

VII. Die erfolgreiche Frau

Von Monika Schellbach

1. Frau zwischen Beruf und Familie

Die Diskussion über die Emanzipation der Frau wandelt sich. Der Anspruch auf Selbstverwirklichung wird mittlerweile differenzierter beschrieben. Die Frau von heute ist einer dreifachen Belastung ausgesetzt: Sie nimmt einen Beruf wahr, betreut fast immer allein den Haushalt und erzieht die Kinder. Aus dieser Belastung erwachsen oft erhebliche Probleme, da die Frau keine Möglichkeit hat, sämtliche Aufgaben zu ihrer Zufriedenheit zu erfüllen. So zeichnet sich in letzter Zeit ein Umdenken ab: Viele Frauen ziehen sich auf für alle Familienmitglieder tragfähige Kompromisse zurück, um in ihrer Familie glücklich zu leben.

Der dreifachen Belastung durch Kinder, Küche und Karriere ist jede dritte Frau in Deutschland ausgesetzt. Die Frau wird in ihrem Beruf derart gefordert, daß sie nach ihrem Arbeitstag zu abgespannt und müde ist, um zu Hause noch eine „gute" Ehefrau, Mutter und Hausfrau sein zu können. Als Mittelpunkt der Familie wollen viele Frauen nach wie vor ihre Aufgaben wahrnehmen: Sie wollen die Familie zusammenhalten, den Kindern und dem Ehemann mit Rat und Tat zur Seite stehen und wenn's mal brennt den Ausgleich schaffen.

Dies erfordert Zeit und Kraft, die weitgehend der Beruf verschlingt, so daß das Gespräch und die notwendige gegenseitige Zuwendung zu kurz kommen. „Laß mich, ich bin müde" wird zur durchaus verständlichen Reaktion auf Erwartungen am gemeinsamen Gestalten der Freizeitstunden.

Daß dies auf Kosten des Familienzusammenhalts und der Harmonie geht, liegt auf der Hand.

Im Erkennen dieser Gefahr und ihrer Ursache liegt bereits die Chance, ihr zu begegnen. Denn sobald uns bewußt wird, welche elementaren Grundwerte für das Familienglück und insbesondere für die gesunde seelisch-geistige Entwicklung der Kinder verloren zu gehen drohen, wenn es nicht gelingt, den Anforderungen des Berufes wie denen der Familie gleichermaßen gerecht zu werden, werden die meisten anfangen, über geeignete Lösungen für diesen Zielkonflikt nachzudenken.

Was kann eine Frau also für eine Harmonisierung des Familienlebens und dadurch auch des eigenen Lebens tun?

– Zunächst sollte sich jede Frau fragen, was sie von ihrem Leben erwartet, was sie in ihrem Leben erreichen möchte.

– Die Frau sollte mit ihrem Partner nach gemeinsamen Zielen suchen und sie setzen. Sie sollte mit ihm gemeinsam nach dem Leben im Alter fragen und klären, welche Voraussetzungen für die Erreichung der Ziele erforderlich sind.

– Zur Streßbewältigung und zum Aufbau von Nervenkraft sollte die berufstätige Frau in ihren Tagesablauf eine zehnminütige Enspannungsübung einbeziehen. Die Zeit dafür muß sie genau festlegen und mit ihrer Familie absprechen, damit sie in dieser Zeit nicht gestört wird.

– Am Abend sollte sich die Frau einen Zeitplan für den nächsten Tag aufstellen. Sie sollte den Plan aber niemandem zeigen, er geht nur sie etwas an. Das Gefühl, alle Punkte auf dem Plan erfüllt zu haben, schafft eine große Zufriedenheit.

– In ihren Zeitplan soll immer Zeit für die Familie mit einbezogen werden.

– Die Selbstverwirklichung sollte die Frau gemeinsam mit dem Partner anstreben. Dabei sollte die gesunde Mischung von Gemeinsamkeiten und Individualität angestrebt werden.

– Bei allem, was man tut, sollte man immer an das große gemeinsame Ziel denken. Nur so kann man sich über Teilerfolge freuen. Diese Freude schafft die Kraft, die eine berufstätige Frau für ein harmonisches Zuhause einsetzen muß.

Jede Frau sollte sich klar machen, daß sie Schwerpunkte setzen muß.

– Durch konzentriertes und zielgerichtes Arbeiten fällt vieles leichter.

Dies sind nur einige Gedanken, die weiterhelfen könnten, den individuellen Lebensrhythmus zu finden, der ein schöneres Leben für die Frau von heute in der Familie ermöglicht. An oberster Stelle steht wirkliche Partnerschaft, Gemeinschaft. Rücksichtnahme muß die Frau fordern, muß aber auch bereit sein, rücksichtsvoll auf die Wünsche und Gewohnheiten der Familienmitglieder einzugehen. Dann sind die Weichen für ein erfolgreiches und harmonisches Leben gestellt – und die ganze Familie wird davon profitieren.

2. Selbstverwirklichung?

Das Wort „Selbstverwirklichung" ist heute ein viel gebrauchtes Schlagwort geworden, das leider häufig falsch ausgelegt wird. Da meint zum Beispiel eine Frau, sie müsse unbedingt alleine in Urlaub fahren, um sich selbst zu verwirklichen, eine andere will eine vorübergehende Trennung, um wieder zu sich zu finden, die nächste muß es ihrem Partner gleich tun und will berufliche Karriere machen, kein Familienleben, keine Kinder und, und, und. Das Deckmäntelchen „Selbstverwirklichung" entpuppt sich hierzu als ideale Ausrede. Leider gehen sehr viele Partnerschaften und Ehen an dieser falsch verstanden Selbstverwirklichung zu Grunde.

Bevor wir uns selbstverwirklichen, müssen wir zunächst einmal wissen, wer wir selber sind. Was wir sicher sind, ist eine Frau mit deren psychischen und physischen Eigenschaften und Fähigkeiten. Wenn Sie sich dieser Eigenschaften und Fähigkeiten bewußt sind und stolz darauf sind, können Sie den Weg zu Ihrer Selbstverwirklichung finden. Warum sollten wir den Männern unbedingt alles nachmachen. Frauen, die dies tun, stellen doch ihre eigene Persönlichkeit unter die der Männer! Ich jedenfalls bin stolz auf meine fraulichen Eigenschaften und Fähigkeiten.

Heute sprechen viele Menschen, auch viele Frauen vom „zurück zur Natur". Wir alle sind bestrebt, die Natur so zu erhalten, wie sie ist. Für die natürliche Umwelt wird viel getan. Ein neues Natur- und Umweltbewußtsein ist geweckt worden. Biologisches Wohnen, biologische Nahrungsmittel, natürliche Kleidung – natürliches Leben wird angestrebt. Doch gerade viele der Frauen, die diese Linie vertreten, verhalten sich in ihrem eigenen Leben, in ihrer Partnerschaft und ihrem Beruf vollkommen widernatürlich. Sie fühlen sich als Lustobjekt, Putzfrau, Heimchen am Herd vom sogenannten starken Geschlecht mißbraucht. Ja, sie hadern sogar mit der Natur, da sie die Kinder bekommen müssen. Diese Frauen werden nie ihre wirkliche Selbstverwirklichung finden, weil sie mit ihrem Leben und vor allem mit sich selbst ständig unzufrieden sind. Wenn Sie sich selbst verwirklichen möchten, überlegen Sie zunächst, wie Sie sich Ihr Leben vorstellen und was für Sie das Wichtigste in Ihrem Leben ist. Vergessen Sie dabei aber nicht, daß Sie eine Frau sind und daher ganz besondere Fähigkeiten haben, die Sie nutzen können. Natürlich ist heute die alte Frauenrolle nicht mehr zeitgemäß. Die moderne Frau hat ihre Hobbys und auch ihre Interessen.

Ich begrüße es auch, daß Frauen in die Politik vordringen, denn es sind immerhin 50% Frauen in der Bevölkerung. Nur müssen die Frauen in der Politik auch Frau bleiben und nicht wie viele der Politikerinnen genauso denken, handeln und fühlen wollen wie ihre männlichen Kollegen. Leider ist es sogar heute so, daß die Politikerinnen eine durchaus frauenfeindliche Politik machen. Sie reden den Frauen ihre Minderwertigkeit geradezu ein und begrüßen es zudem, daß auch Mütter von kleinen Kindern einen Beruf ausüben. In Anbetracht der hohen Arbeitslosigkeit, der zahlreichen Probleme mit Jugendlichen und der aus der Berufstätigkeit resultierenden vielfachen Belastung der berufstätigen Ehefrau, Mutter und Hausfrau, ist dieser Gesichtspunkt geradezu realtitätsfremd.

Wie kann ich mich also selbst verwirklichen?

Überlegen Sie sich, was Sie von Ihrem Leben erwarten und was für Sie das Wichtigste in Ihrem Leben ist. Auf dieses „Wichtigste" richten Sie von jetzt ab Ihr ganzes Augenmerk. Wenn für Sie zum Beispiel die Harmonie zu Hause, Ihre Kinder und Ihr Mann das Wichtigste sind, konzentrieren Sie sich auf diese Aufgabe. Alles weitere, auch wenn Sie berufstätig sind, sollte hinten anstehen. Stellen Sie in diesem Fall nicht Ihre berufliche Karriere in den Vordergrund, sondern wirklich Ihr Privatleben. Machen Sie die nötigen Zugeständnisse nie in Ihrem Privatleben, und versuchen Sie dieses Privatleben so optimal, wie es nur geht zu gestalten. Gerade, wenn Sie einen erfolgreichen Mann haben, wird Sie dieser Bereich wirklich erfüllen.

Natürlich brauchen Sie gerade, wenn Sie sich für Ihr Privatleben entschieden haben, ein Höchstmaß an Anerkennung von Ihrer Familie und Ihrem Partner. Vielen Frauen fehlt diese Bestätigung, da die Familienmitglieder alles als selbstverständlich hinnehmen. Sprechen Sie mit Ihrem Partner über dieses Problem, aber denken Sie daran, daß alles seine Zeit braucht. Vor allem müssen Sie Ihrem Partner zeigen, daß Sie sich wirklich für die Familie entschieden haben. Bald werden Sie Lob und Anerkennung bekommen. Auch bekommen Sie Bestätigung von außen, denn Ihr Mann wird stolz auf Sie sein. Es ist sehr schön, wenn ein Lob auf diesem Wege zu Ihnen zurückkehrt.

Ist für Sie der Beruf und die berufliche Karriere im Moment das Wichtigste, stellen Sie Ihr Privatleben darauf ein. Wenn Sie alleine leben, ergeben sich sicherlich die wenigsten Probleme. Wenn Sie einen Partner haben, sprechen Sie mit ihm über Ihre beruflichen Wünsche, über Ihre Ziele, über die notwendigen Kompromisse und das gemeinsame Leben.

Selbstverwirklichung ist ein Wunsch, den jeder Mensch in sich trägt. Er hängt in erster Linie mit dem „Glücklichsein" zusammen. Eine wirkliche Selbstverwirklichung wächst in uns selbst, in unserem Denken und in unserer inneren Einstellung. *„Wenn ich denke, daß ich glücklich bin, dann bin ich glücklich, denn Glück ist immer ein Zustand unseres Denkens."*

VIII. Pessimismus ist heilbar

„Nicht die Größe eines Schritts ist entscheidend,
sondern seine Richtung."

Wissen alleine nützt nichts, wir müssen handeln, sagt ein Sprichwort. Also fangen wir an, nicht nur viele Bücher über unseren Optimismus zu lesen, sondern handeln wir auch wie ein optimistischer, lebenbejahender Mensch.
Warten Sie nicht auf die anderen. Vielleicht haben die auch schon viel über ihren Pessimismus gelesen, aber sie trauen es sich nicht, auch einmal Optimist zu sein! Oder sie machen einfach das, was die Mehrheit, die Masse macht: Sie warten darauf, das endlich einer mit dem Optimismus anfängt.

1. Beginnen Sie jetzt!

☺ Sie sind für sich selbst verantwortlich! Reden Sie sich bei Mißerfolgen nicht auf andere heraus. Sie müssen selbst entscheiden. Wenn Sie etwas ändern wollen, müssen Sie bei sich selbst beginnen. Bejahen Sie Ihre Persönlichkeit und – lieben Sie sich.

☺ Ziehen Sie einen Schlußstrich unter die Vergangenheit. An der Vergangenheit können Sie nichts ändern, sondern nur aus ihr lernen. Beginnen Sie ab heute, an Ihrem Glück und an Ihrem Erfolg zu arbeiten.

☺ Fragen Sie sich nach dem Sinn Ihres Lebens. Kein Leben, aber auch keine Aufgabe und sei sie auch noch so klein, ist sinnlos. Fragen Sie nach den Wünschen, die Sie im Leben haben, und bilden Sie aus diesen Wünschen Ziele. Vergessen Sie bei all Ihren Überlegungen Ihren Partner, Ihre Familie und die Lebensfreude nicht.

☺ Denken Sie ab heute nur noch positiv über sich selbst! Auch dann, wenn es nicht immer gleich klappt. Die Menschen, und auch Sie haben viel mehr positive als negative Eigenschaften, auch wenn Sie diese im Augenblick noch nicht sehen. Glauben Sie an sich selbst und unterschätzen Sie Ihre Fähigkeiten nicht!

☺ Sehen Sie nicht immer nur das Negative in Ihrem Leben und in der Umwelt. Es muß diese negativen Seiten, das Schlechte, die Krankheit und den Mißerfolg geben. Wie sollten wir sonst das Gute und Schöne erkennen? Würde es das Tal nicht geben, gäbe es auch keinen Berg. Würde es die Dunkelheit nicht geben, gäbe es auch keinen Tag. Schaffen wir uns durch unsern Optimismus die Kraft, das Negative in uns und in unserer Welt zu überwinden.

☺ In welcher Spannung leben Sie? Erzeugen Sie eine positive Spannung. Lachen Sie sich selber an, und es lacht zurück.

☺ Sie sind nicht nur Körper, sondern auch Geist und Seele! Es ist der Geist, der sich den Körper baut. Setzen Sie Ihre geistigen Kräfte für Ihren Optimismus ein.

☺ Bauen Sie Ihre seelischen Kräfte nach dem Gesetz der Harmonie und Freude auf. Verschaffen Sie sich jeden Tag bewußt freudige Anregungen. Schenken Sie sich selbst etwas. Vermeiden Sie depressive Einflüsse – aus Bildern, Filmen, Büchern. Rüsten Sie Ihre Seele auf, tun Sie sich etwas Gute an. Räumen Sie dem Schönen Platz in Ihrem Leben ein. Jeder Tag bringt etwas Gutes.

☺ Überbewerten Sie nicht Ihre Ratio! Im Kampf Gefühl gegen Verstand hat letzterer keine Chance. Es siegt letztlich immer das Gefühl. Unterstützen Sie Ihren Verstand durch Ihr Gefühl und achten Sie darauf, daß Sie sich nicht selbst eine Falle bauen.

☺ Überprüfen Sie Ihre Erwartungshaltung! Was erwarte ich von diesem Tag? Denken Sie immer an den Satz: „Wie man in den Wald hineinruft, so tönt es bekanntlich zurück". Sehen Sie die Lage bewußt von der optimistischen Seite. Das Glas ist immer halb voll und nie halb leer.

☺ Schaffen Sie sich täglich kleine Erfolgserlebnisse. Erfolgserlebnisse dadurch, daß Sie Ihre Ziele im Beruf, in der Schule, aber auch in der Freizeit und im Hobby in kleine Teilziele konzentrieren. Diese kleinen Erfolgserlebnisse stärken das Selbstvertrauen, geben Mut und Lebensenergie.

☺ Belohnen Sie sich, wenn Sie den Tag vollbracht und ein Teilziel erreicht haben. Jeder Mensch braucht seine Streicheleinheiten – Sie auch!

☺ Beeinflussen Sie Ihre Mitmenschen positiv! Sie verfügen mit Ihrem Denken, mit Ihren Gedanken über eine ungeheure Kraft. Sie können damit unglaubliche Reaktionen positiver Art auslösen. Ihre Einstellung ist entscheidend.

☺ Loben Sie die anderen. Loben Sie Ihren Partner, Ihre Kinder und Ihre Mitarbeiter. Ein Lob motiviert mehr als jeder Tadel. Denken Sie bitte immer wieder daran: Wenn Sie Streicheleinheiten und Erfolgserlebnisse brauchen, Ihr Partner braucht sie auch.

☺ Sorgen Sie für eine optimale Gesundheit und für ausreichende Nervenkraft. Informieren Sie sich über eine gesunde Lebensweise, über Bewegungs- und Entspannungstraining. Denken Sie aber immer wieder daran: Alles, was Sie für die Gesundheit Ihres Körpers, Ihres Geistes und Ihrer Seele tun, das soll Ihnen Freude machen.

☺ Bejahen Sie das Leben – mit allen Sorgen und Leiden! Sie können Schicksalsschlägen und Sorgen nicht ganz entrinnen. Aber nichts ist schöner als ein glückliches, optimistisches Leben – Ihr Leben.

☺ Beginnen Sie jeden Tag mit neuem Optimismus. Ein anders gelebter Tag ist ein verlorener Tag.

☺ Bemühen Sie sich, aus jedem Tag einen schönen Tag zu machen.

2. Unerläßliches

- *Daß Du Dein Ziel klar erkennst!*
- *Daß Du an Dich glaubst!*
- *Daß Du Tag für Tag einen Schritt vorantust auf Deinem Wege!*
- *Daß Du Dich durch Fehlschläge nicht beirren läßt!*
- *Daß Du wach bist gegenüber negativen Gedanken!*
- *Daß Du bewußt aufbauende, positive Gefühle hegst!*
- *Daß Du Dich verständig zeigst gegenüber allem, was vorwärts und aufwärts führt!*
- *Daß Du die anderen Menschen genauso liebst, wie Dich selbst!*
- *Daß Du an eine Kraft glaubst, die Dich auf Deinem Wege sicher leiten kann!*

(Oscar Schellbach)

LITERATURHINWEISE

Hans Christian Atmann: *„POSITIVES DENKEN – Schlüssel zur Verkäufermotivation"*, Frankfurter Allgemeinen Zeitung.

Richard Bach: *„Die Möwe Jonathan"*, Ullstein Verlag, Berlin.

Antoine de Saint-Exupery: *„Worte wie Sterne"*, Herder Verlag, Freiburg.

Hermann Hesse: *„Die Einheit hinter den Gegensätzen"*, Suhrkamp Verlag, Frankfurt.

Douglas R. Hofstadter: *„Gödel, Escher, Bach"*, Ernst Klett Verlag, Stuttgart.

Humberto R. Maturana / Francisco J. Varela: *„Der Baum der Erkenntnis"*, Scherz Verlag, München.

Hans J. Schellbach: *„Glück, Erfolg und Harmonie"*, Herder Verlag, Freiburg.

„Konzentrationssteigerung durch Mental-Dynamik" Schellbach Verlag, Baden-Baden.

„Die ganzheitliche Erfolgs-Strategie", Schellbach-Verlag, Baden-Baden.

Oscar Schellbach: *„Mein Erfolgs-System"*, Bauer Verlag, Freiburg.

„Redekunst von A-Z", Schellbach Verlag, Baden-Baden.

Alfred Stelter: *„PSI-Heilung"*, Scherz Verlag, München.

Gordon Rattray Taylor: *„Die Geburt des Geistes"*, *„Das Geheimnis der Evolution"*, Fischer Verlag, Frankfurt.

Frederic Vester: *„Denken, Lernen, Vergessen"*, Deutsche Verlags-Anstalt, Stuttgart.

Schellbach-Verlag
Vertiefende Literatur und Lehrwerke

Vertiefung von einzelnen Schwerpunkten

Hans Jürgen Schellbach „Konzentrationssteigerung durch Mental-Dynamik", 6 Cassetten und Arbeitsanleitung

Hans Jürgen Schellbach/Klaus Trox, „Erfolgreich durch positives Denken", 2 Vorträge auf 3 Cassetten für ein erfolgreicheres und harmonischeres Berufsleben.

Hans Jürgen Schellbach/Inge Pongratz, „Positive Jugenderziehung in der heutigen Zeit", 2 Vorträge auf 3 Cassetten zu einem zeitgemäßen, positiven Umgang mit Jugendlichen.

Oscar Schellbach „Redekunst von A–Z", 12 Cassetten und 12 Studienbände zur Meisterung der freien Rede und aller dazu erforderlichen Techniken.

Der M-D-S Planer, ein Planungs-System auf der Grundlage der Schellbachlehre.

Die Philosophie der Schellbach-Lehre

Oscar Schellbach, „Siebenmal Lebenskunst", 4. Auflage, 249 Seiten.

Oscar Schellbach, „Werkstatt der Seele", 12 Compact-Cassetten.

Oscar Schellbach, „Es gibt wirklich Wunder", 2 Compact-Cassetten.

Die Zeitschrift „Kontakt"

Aktuelle Monatszeitschrift für Erfolgs-Systematik, Persönlichkeitsentwicklung, erfolgreiche Menschenbehandlung und Mitarbeiterführung und alle Bereiche eines harmonischen und zufriedenen Lebens.

Das Gesamtgebiet der Schellbach-Lehre

Hans Jürgen Schellbach „Die ganzheitliche Erfolgs-Strategie" zu den Themen: Wünsche werden Wirklichkeit – Innere Ruhe und Nervenkraft – Die geheimnisvolle Erfolgskraft in uns – Die Kunst der erfolgreichen Selbstbehandlung – Die erfolgreiche Persönlichkeit – Erfolgreich mit Menschen umgehen, erhalten Sie umfangreiche, praktische Informationen und Hilfestellungen. 6 Cassetten und 2 Arbeitshandbücher

Hans Jürgen Schellbach „Das Leben kann viel schöner sein", 2 Compact-Cassetten, Live-Mitschnitt, Einführung in die Schellbach-Lehre.

Oscar Schellbach „Mein Erfolgs-System, 27. Auflage, 495 Seiten, Standardwerk der Schellbach-Lehre.

Oscar Schellbach „Intensiv-Kursus". 20 Compact-Cassetten, Live-Aufnahmen, Gesamtgebiet der erfolgreichen Lebensgestaltung.

Oscar Schellbach „Erkennen/Schaffen/Vollenden", 25 Compact-Cassetten, Dreistufen-Lehre des Mental-Positivismus, Positive Lebensführung, Steigerung der Leistungskraft des Geistes, Höhere Erkenntnis und Lebensweisheit.

Oscar Schellbach „Die Gesetze des Denkens", 6 Compact-Cassetten, Erläuterung und Erklärung der 16 Denkgesetze der Schellbach-Lehre.

Gesundheit/Meditation/Entspannung

Hans Jürgen Schellbach, „Körper, Geist und Seele in Harmonie", 3 Compact-Cassetten, 3teiliges Entspannungstraining zur Harmonisierung der körperlichen, geistigen und seelischen Kräfte.

Hans Jürgen Schellbach, „So entwickle ich innere Ruhe", Einzelcassette zu Ausgeglichenheit und Nervenkraft.

Seelephonie-Serie. Einzelcassetten mit Entspannungs- Suggestions- und Meditationsübungen zu den unterschiedlichsten Lebensbereichen.

Automations-Diskothek Einzelcassetten zur phsychodynamischen Selbststeuerung.

Mentales Training, 3 Cassetten zur körperlichen und geistigen Leistungssteigerung.

Schellbach-Institut
Seminare und Schulungen

Intensiv-Kursus „Die Schellbach-Lehre in Theorie und Praxis"
Seminardauer: 5 Tage
Seminarleitung: Hans Jürgen Schellbach

Ziel des Intensiv-Kursus
Anwendung der Schellbach-Lehre zur Entfaltung der natürlichen Anlagen zur Persönlichkeit, Lebenssicherheit, innere Freiheit und Ruhe, Nervenkraft, Initiative, Kreativität, Phantasie, größerer Leistungsfähigkeit in allen Lebensfragen, Steigerung des geistigen Könnens und der Schöpferkraft des Unterbewußtseins.

„Mentales Training im Sport"
Sonderseminare für Sportler
Seminarleitung: Hans Jürgen Schellbach

Schellbach-Akademie
für Führungskräfte

Den alternativen Weg zu den hergebrachten Schulungs-Systemen bietet die Schellbach-Akademie für Führungskräfte. Dieser „neue Weg" beruht auf der Beachtung der Einheit von Körper, Geist und Seele.

Seminare, Firmenschulungen und Einzeltraining zu den Bereichen: Freisetzung der Kräfte des Unterbewußtseins, Steigerung von Kreativität, Vorstellungsvermögen und Phantasie, beruflicher Erfolg und harmonische Freizeit als Einheit, positive Menschenbehandlung, persönliche Rhetorik, Motivationstechniken, Ziel- und Zeitplantechnik unter Beachtung der Einheit von Körper, Geist und Seele.

Ausführliche Unterlagen über das dargestellte Verlags- und Veranstaltungsprogramm erhalten Sie durch:
Schellbach-Haus, Hafnerweg 20, 7570 Baden-Baden,
Telefon: 07221/5 45 05, Telefax: 07221/5 47 05